일러두기
○ 저자의 글맛을 살리기 위해 맞춤법과 문장 부호는 저자 고유의 스타일을 따릅니다.
○ 이 책의 계량은 1큰술 기준 액체류는 10ml, 가루류는 15g입니다.
  일반 가정에서도 편하게 계량할 수 있도록 밥숟가락을 기준으로 했습니다.
○ 소금과 설탕은 간을 보고 입맛에 따라 자유롭게 조절하여 넣으세요.

마포농수산쎈타 @mapo_nongsusan · Nov28

하루 일과를 끝낸 뒤에 녹초가 된 몸으로 밥을 해 먹는다는 게
여간 귀찮은 일이 아니지요.,
더욱이 누군가를 위해서도 아닌,
온전히 나 자신을 위해서라면은
힘들고 귀찮은데 꼭 그래야 하나..
그런 생각도 들기 마련입니다., .

외식, 배달에 간편 조리식까지 참 잘 나와 있는 세상입니다..
종류별로 입맛 따라 골라 먹을 수 있지요.,
뭐가 되었든 간에 나에게 맞는 식생활이 장땡이지만,
그닥 어렵지 않게 집에서 직접 해 먹을 수 있다면
손해 보는 장사는 아닌 것 같더라구요..

요령만 조금 알고 나면
매일 장을 보거나 새 반찬을 만들지 않더라도
남은 나물로 내일은 이렇게 먹어볼까,
요만큼 남은 국은 내일 저렇게 해볼까..
돌려가며 먹는 궁리도 재밌어지지요., .

♡ 2   ⟲ 124.1K   ♡ 121   ↑

들어가며

마포농수산쎈타 @mapo_nongsusan · Nov28

요리 못하는 사람을 보면 꼭
'레시피를 지키지 않는다'고들 합니다..
이런 말을 해도 될지 모르겠지만
이 책을 읽는 분들은 오히려 레시피를 지키지 않아 주었으면
하는 마음도 드네요.,

이렇게 하니까 너무 짠데?
소금을 줄여 볼까..
나한텐 단맛이 부족한데?
설탕을 조금 더 넣어 볼까?
너무 푹 익은 것 아닌가?
5분이 아니라 3분만 익혀 볼까..

입맛 따라 조금씩 바꿔 가면서
내 입에 꼭 맞는 레시피를 찾는 여정의 발판이 된다면
아주 기쁠 것 같습니다,.

이대로만 하면 무조건 맛있다고 우기기보다는
이렇게 먹어보니 맛이 괜찮던데 한번 어떤지요?
그렇게 권하는 말이 되길 바랍니다..

밥 챙겨 먹어요,.
행복하세요,. 저도 행복할게요..

♡ 2   ⟲ 124.1K   ♥ 121   ↑

들어가며

 미깡 @sooldogirl · Nov28

어째 좀 출출허다 싶으면 슬그머니 트위터에 들어가서 마포농수산쎈타님 레시피를 찾아보구 그랬습니다. 아이구, 어쩜 그렇게 맛깔나게 잘해 드신대요? 그 레시피들이 요로코롬 책으로 터억 나왔으니 이제 옆에 두고 편히 볼 수 있어 참말로 든든하구만요. 원체 구하기 쉬운 재료로 요령 있게 밥상 채리는 법을 알려주셔서 요긴했는데, 호로록 같이 마시면 좋은 술까지 소개해주시니 이 술꾼 맴이 빙글빙글한 게 너무 좋구만요. 요상한 건 이 책이 에세이도 아니구 요리 레시피인데 희한하게 마포농수산쎈타님이 말씀허시면 가슴이 벌렁벌렁 뜨끈뜨끈해지는 거예요. 지금 이 책을 볼까 말까 맴이 헷갈리시는 분은 냉큼 보시고 여기 나온 대로 밥 잘 챙겨 드세요. 그리고 행복하세요. 이 책을 보믄 그렇게 된다니깐요?

- 미깡, 『술꾼도시처녀들』
  『나라 잃은 백성처럼 마신 다음 날에는』 저자

💬 2   🔁 247.6K   ♥ 1220

추천의 글

차례

- 5p 들어가며
- 9p 추천의 글
- 36p 자주 쓰는 식재료
- 40p 애착 도구와 그릇
- 42p 트위터에서 가장 많이 받은 질문 10가지

1 트위터 최고 인기! TOP 5

- 50p 순두부열라면
- 54p 닭다리버터구이, 닭기름파스타
- 60p 새송이버터간장구이, 새송이통구이
- 66p 닭가슴살실곤약냉면, 닭가슴살무침
- 74p 대파돼지찜

2 배고파서 빠르게 해 먹고 싶을 때

- 80p 삼겹살 에어프라이어 구이, 된장밥
- 86p 들기름막국수, 젓갈 얹은 계란
- 92p 조개국수, 매운 가지팽이무침
- 98p 프렌치토스트, 닭가슴살겨자무침, 바나나스무디
- 106p 냄비우동, 두부유부초밥

3 매콤하게 땀 쭉 내고 싶을 때

- 114p 매콤얼얼 돼지고기냉채, 표고버섯구이
- 120p 목사발, 매운 오징어볶음
- 126p 매운 국물어묵, 전자레인지 계란찜
- 132p 고추장짜글이, 양푼비빔밥, 감자전
- 140p 김치찌개, 계란말이

4 자극 없이 슴슴하게 넘기고 싶을 때

- 148p 배추홍합술찜, 순두부튀김
- 154p 20분 카레, 양배추 간단절임, 단무지무침
- 160p 애호박새우젓국, 단호박조림
- 166p 자투리 채소죽, 쑥갓두부무침, 느타리나물
- 174p 알배추된장국, 소고기고추장, 나물비빔밥
- 184p 콩나물밥, 계란국, 달래장

5 안주를 내야 할 때

- 194p 간단 오코노미야키, 양배추피자, 젓갈순두부
- 202p 골뱅이소면, 골뱅이냉국
- 208p 마파순두부, 중국풍 오이무침
- 214p 굴감바스, 무카나페, 버터감자
- 222p 족발탕, 숙주오이초나물

부록1 휘리릭 땡 간단요리

- 230p 01. 짜계치
- 231p 02. 엑설다스
- 232p 03. 가지치즈구이
- 233p 04. 앙버터호두과자
- 234p 05. 데운 순두부
- 235p 06. 군고구마
- 236p 07. 유자방울토마토
- 237p 08. 물만두+고추후추식초
- 238p 09. 엑설런트브륄레

부록2 미공개 레시피

- 242p 01. 부대찌개
- 246p 02. 감자수프
- 250p 03. 닭가슴살치즈스테이크
- 254p 04. 돼지주물럭
- 258p 05. 외할머니 이북식 만둣국

262p INDEX

자주 쓰는 식재료

1. 순두부

제 냉장고에 떨어지지 않는 필수 품목과도 같지요. 브랜드는 딱히 상관하지 않고 사 둡니다.

2. 달걀

항시 사 두고 곁들이는 .. 설명이 필요 없는 필수 식재료입니다.

3. 청양고추

거의 모든 요리에 들어가는 .. 애정하는 식재료입니다.

4. 말린 베트남고추

통에 보관했다가 필요할 때 꺼내 씁니다. 칼칼한 걸 좋아해서 자주 손이 가요.

5. 냉동 고기

소고기, 돼지고기, 닭가슴살 등은 200g씩 소분해 냉동 보관해 두면 든든하지요.

6. 다진 마늘

지퍼 팩에 넣고 평평하게 펴서 냉동 보관했다 그때그때 쓸 만큼만 손으로 뽀개 쓰고 있습니다.

7. 실곤약

200g 소분형을 박스로 쟁여 둡니다.

8. 냉동만두

상차림이 어딘가 허전하다 싶을 적에., 쪄 내 올리는 식자재 마트표 얇은피 고기왕만두입니다.

9. 사골곰탕 팩

육수가 필요할 때 휘리릭 뎁혀 이것저것 추가하기 참 좋습니다.. 비비고 것을 주로 씁니다.

10. 냉면육수

저희 집 냉동실엔 늘 살얼음 낀 냉면육수가 자리해 있지요. 한 팩씩 포장된 것을 얼려 둡니다.

11. 젓갈

오징어젓, 창란젓 등 구입처는 그때그때 다릅니다..

12. 라조장

오뚜기 산초맛 라조장을 씁니다.

13. 치킨스톡

청정원 쉐프의 치킨스톡을 애용합니다.

14. 통후추

밋밋한 음식, 양식에는 그라인더 달린 통후추를 갈아 씁니다. 한식이나 양념에는 순후추를 쓰고요.,

15. 들기름

방앗간에서 짜온 것입니다.

16. 카놀라유

요리할 때 식용유로는 주로 카놀라유를 쓰고 있습니다.

애착 도구와 그릇

① 양은냄비
사용한 지 10여 년 정도 되었을라나요. 물이 정말 빨리 끓어서 배고프고 급할 때 늘 속도를 맞춰 주는 기특한 놈입니다. 칠이 좀 벗겨졌지만은 아직 건강에는 이상 없습니다.

② 작은 접시
샤르망 디너 홈세트. 저렴하고 다양한 크기의 접시 세트 등을 돌아가며 씁니다.

③ 삼각 접시
지금은 에라토 조약돌 접시를 사용합니다. 조금 우묵한 접시라 반찬 여러 가지 담기에도 편합니다.

④ 뚝배기
작은 것은 주로 곁들이 음식에, 큰 것은 탕이 메인일 때 사용합니다. 뚝배기를 쓰려면은 찌개 집게도 필수이지요.

⑤ 행복하세요 술잔
선물 받은 것인데 인기가 많더라구요. 한 입에 털어 넣기 좋습니다.

⑥ 도자기 술잔
가끔 젓갈 종지로도 사용하지요.

⑦ 참이슬 한 방울 잔
여름철 얼음 타서 시원하게 한 잔 마실 때 요긴히 쓰고 있습니다.

⑧ 나무젓가락
호소미 젓가락. 얇고 긴 젓가락을 좋아합니다.

⑨ 네모난 막칼
대부분의 요리는 이것으로 합니다.

⑩ 과도
10년 정도 된 것을 계속 쓰는 중입니다.

트위터에서

Q1.
"밥 챙겨 먹어요, 행복하세요."
이 멘트의 근원지가 궁금합니다.
문장 선정의 계기나 이유가 있나요?
(@ppung****)

Q2.
쎈타장님을 뵐 때마다
요리를 하게 되는 이유나 원동력이 궁금했습니다.
혼자라면 대충, 편하게, 아무거나 먹게 되더라고요.
저는 밥 챙겨 먹으라는 인사를 들을 때 조금씩
뭔가를 해 먹을 힘이 생겼던 것 같은데,
어떤 것이 쎈타장님을 움직이게 하나요?
(@yamya****)

Q3.
요리를 끝냈는데 간이 애매~하다 싶을 때 넣는,
남들은 잘 모르는 쎈타님만의 비밀 무기(조미료)가
있는지 궁금합니다.
(@l3u8K*********)

가장 많이 받은 질문 10가지

소주 한잔하구 헤어질 때면은 늘 잘 가, 행복해, 나도 행복할게..
그런 인사를 하던 친구가 있습니다,.
그게 마음에 남았는지 입에 붙어 버렸네요.,
해산물 맛난 철이 되었으니
조만간 좋은 술에다가 얼굴 보러 가야겠어요..

소중한 사람을 집에 초대하는 날은
며칠 전부터 뭘 해주나, 뭘 좋아할까..
내내 신경쓰구 바지런히 장도 보고 하지요,.
어느 날 문득 그런 생각이 들더라구요..
나도 참 소중한 사람인데.. 나도 잘 대접받아야 하는 사람인데..
남을 위하는 마음만큼 나도 위해주는 것이
아주 오래, 많은 것을 이겨낼 힘이 되곤 합니다 ,.

요게 참 애매한 문제지요..
비밀무기라고 할 것까지야 없지만욘 곡물 요리에는 디진
마늘이나 국간장, 볶음 요리에는 후추, 해물 요리는 맛소금,
양식 비스무리하다면은 치킨스톡 찔끔..

Q4.
혹시 장 보기 팁이 있을까요?
쎈타님 밥상은 항상 영양소가 골고루 갖추어져 있어서 너무 신기한데요,
1인 가구 + 고물가 조합은 갈수록 장 보기가 어려워지네요.
(@gguak******)

Q5.
예로부터 의식주가 인간 생활의 기본 요소라고 했는데,
마포농수산쎈타님에게 먹는 행위란 무엇일까요?
단순히 기본 행위로써 먹는 것 그 이상의 의미를 가진 것 같아요.
(@Diss_***)

Q6.
계절마다 이것만큼은 꼭 먹어야 혀., 하는 음식이
따로 있을까요?
(@SIT9U****)

동네 마트 전단지가 또 은근히 쏠쏠합니다.,
주말세일 특가세일 문자도 종종 날라오구요..
꼭 서너 가지씩 아주 저렴하게 나오는 채소가 있지요.,
싸게 산 시금치가 있다면은 요만치는 파 마늘에 나물 무쳐 먹구
요만치는 반 모 남은 두부랑 된장국을 끓이구..
가지가 애매하게 남았으니까 같이 볶아 버릴까,.
하는 식으로 얼렁뚱땅 재료에 맞춰 음식을 하는 쪽이
정신건강에도 통장건강에도 좋습니다,. ^ ^

맛난 걸 먹으면 기분이 좋아지지요..
아주 단순하지만은 매일 만날 수 있는 확실한 행복이 아닐까요?
아, 참 맛있다. 행복해.
하루 24시간 중 찰나의 순간이라도 행복하다고 느낀다면
속에 쌓여 있던 안 좋은 마음이 톡 톡 덜어지면서,.
조금 더 관대하게 삶을 대할 수 있게
되는 것 같습니다,.

봄에는 냉이, 미나리, 달래..
쌉싸롬하구 향긋한 봄나물들로 시작해서 여름에는
햇감자에 복숭아, 참외, 옥수수,. 햇볕 듬뿍 받고 자란 것들이 맛이 좋다가,
가을에는 전어, 숭어, 무화과, 꽃게, 가지, 밤.., 속이 꽉 차고 기름 오른 놈들이,
겨울에는 생굴, 과메기, 방어, 븐호박, 톳나물, 봄동, 딸기..
제가 가장 좋아하는 음식들이 제철이지요,.
추위를 많이 타는 편인데두 겨울이 기다려지고 그럽니다..

Q7.
요리 재료 살 때 싸지만 많은 게 좋은가요?
비싸지만 소량이 좋은가요?
항상 재료 준비부터 막히네요. ㅠㅠ
(@MU_NI*****)

Q8.
저는 요리를 정~말 못하는 편이라 따라 할 생각조차 못하고
감탄만 하고 있는데요..! 혹시 저처럼 요리하기가 어렵고
힘든 사람들은 어떻게 해야 요리에 재미를
붙이고 따라 할 수 있을까요?
비슷하게라도 따라 해 먹는 게 꿈입니다.
(@love_*******)

Q9.
요리 완전 초보도 알아두면 쓸 만할 양념장 비율이 궁금해요.
혹은 가장 애용하는 양념 조합!
(@so__r*)

Q10.
세상의 마지막 날에 먹을 마지막
음식을 고를 수 있다면 어떤 메뉴인가요?
(@ggudu*******)

어느 쪽이 딱 좋다기보다는
앞으로 요 일주일간 요리를 몇 번 정도 해 먹으려나,.
가늠해 보구 맞춰서 사는 게 좋지요,.
남은 재료들을 다 어쩐다.. 신경쓰다 보면은
괜히 요리할 맛도 덜해지기 마련입니다..

에이, 이걸 누가 못해?
싶을 만치 아주 쉬운 것부터 차근차근 해 보는 것이 좋겠어요,.
책에 실린 '젓갈 얹은 계란'을 예로 들어 볼까요?
탱글한 반숙으로 삶은 계란을 절반 잘라다가
약간의 양념 더한 젓갈 얹어 먹는 게 전부이지만은..
이게 보기에도 예쁘구 실패할 리 없는 맛이다 보니,.
밥상에 처억 곁들여 두면은 괜시리 어깨가 으쓱해지지요,.
작은 성공이 쌓이면은 자신감이 되더라구요.,
작은 실패가 쌓이면은 경험이 되구요..
완벽함보다는 언제나 즐겁게, 내 입에 맛있게 먹는 게 최고입니다.,

쑥갓, 오이, 미나리, 유채, 참나물 등등..
녹색 채소에는 식초, 간장, 물을 1:1:1 비율로 섞어
휘리릭 끼얹어 먹지요,.
가쓰오부시를 얹으면 일식, 참기름 쪼로록 해다가 한식,
다진 마늘이랑 겨자 찔끔 섞어 코가 찡하게..
밥에 뿌려 먹는 맛가루를 뿌리면은 술안주도 되구요.,
입맛 따라 다양하게 여기저기 곁들일 수 있으니
참 편리합니다..

뜨끈한 사골국물에다
주먹만 한 손만두 던져 넣구 숭숭 썬 대파를 한 줌,,
만두피가 무를 만치 포옥 끓여다가
계란 한 알 휘익 풀어 넣은 사골만둣국에
기침 나올 만큼 후추 팍팍 뿌려져서는 소주 한 병 반 따악..
하면 더할 나위 없겠습니다. ^^

50p 순두부열라면

54p 닭다리버터구이 · 닭기름파스타

60p 새송이버터간장구이 · 새송이통구이

66p 닭가슴살실곤약냉면 · 닭가슴살무침

74p 대파돼지찜

새벽 한 시 반, 라면이 가장 맛있을 시간입니다.,
오밤중에 라면을 먹자니 어쩐지 망설여지고,.
그렇다고 안 먹자니 영 찜찜해서는 군침만 꼴딱꼴딱 삼키게 되지요..

순두부열라면

온전한 라면 한 개는 부담스럽지만 푸짐하게 먹고 싶을 때,.
꼬들하게 익힌 면발을 후루룩., 순두부 한 큰술 푹 떠 꿀떡.,
깊은 밤, 속까지 뜨끈해집니다..

순두부열라면

1인분 / 10분 미만

재 료

- ⊚ 열라면 1/2개
- ⊚ 순두부 1/2봉
- ⊚ 물 200ml
- ⊚ 후추 적당량

순두부에서 물이 많이 나오거든요., 물은 너무 적나 싶을 정도가 딱입니다 .. 짜면 물 부으면 그만,. 하지만 싱거우면 당황스럽지요 .. 국물을 많이 먹고 싶다면은 라면스프를 더 넣어 주세요 .. 남은 라면사리와 순두부는 이다음에 한 번 더 끓여 먹어도 좋고 비닐봉지에 꽁꽁 싸 냉동실에 보관했다가 김치찌개나 라볶이에 넣어도 좋겠지요., 센 불에 짧게 끓여 순두부는 보들보들,. 면발은 꼬들한 상태가 가장 맛있습니다 ..

①
냄비에 분량의 물을 붓고 센 불에서 끓입니다.

②
순두부 봉지 겉면을 깨끗하게 닦은 뒤 칼로 반을 뚝 자릅니다.
tip. 포장된 순두부를 씻는 이유는 그대로 도마 위에 올려 썰기 때문이에요.

③
라면사리는 반으로 쪼갭니다.

④
물이 끓기 시작하면 반으로 자른 순두부를 넣고 숟가락으로 큼직하게 3등분합니다.

⑤
물이 다시 끓으면 라면사리 1/2개와 라면스프 1/2봉을 넣습니다.
tip. 이때 너무 많이 휘젓지 말고 네모난 면이 자연스럽게 풀릴 정도로 두세 번만 가볍게 휘저어요.

⑥
3~4분 뒤 불을 끄고 후추통을 네 번 톡톡 쳐서 후추를 듬뿍 뿌립니다.

주말 밤에 먹는 치킨만큼 맛난 게 또 있을까요.,
배달시키려던 마음 꾹 참고 닭다리살 한 덩이 꺼내 보는 날입니다..
기름기 쭉 빠진 껍질은 쫀닥하고 살코기는 보들보들..

닭다리버터구이, 닭기름파스타

버터에 허브까지 더해져서는 향긋하기 그지없지요.,
큼직하게 잘라 구워다가 뜨거울 때 한입 베어 물면은
육즙이 뚝뚝 흐르는 게 시원한 맥주잔으로 얼른 손이 갑니다..

닭다리버터구이

2인분 / 40분

재료

- 뼈 없는 닭다리살 400g
- 토마토 3개
- 다진 마늘 1/2큰술
- 취향의 허브 가루 1/2큰술
  (이탈리안 파슬리, 바질, 쯔란 등)
- 버터 1/2큰술
- 소금 1/2큰술
- 설탕 1/2작은술
- 후추 약간

①

뼈 없는 닭다리살을 큼직하게 4등분 합니다.

②

작은 볼에 다진 마늘과 버터, 소금, 설탕, 허브 가루, 후추를 넣고 잘 섞어 양념을 만듭니다.

큰 볼에 손질한 닭다리살과 양념을 넣고 손으로 조물조물 버무려 10분간 재웁니다.

토마토는 꼭지를 따고 열십자 모양으로 깊게 칼집을 냅니다.

에어프라이어에 종이 호일을 깔고 양념한 닭다리살과 토마토를 겹치지 않게 올립니다.

180도에서 10분간 구운 뒤 한 번 뒤집어 다시 200도로 8~10분간 굽습니다.

완성된 닭다리 버터구이와 토마토를 꺼낸 뒤 종이 호일에 남은 국물은 버리지 말고 파스타용으로 따로 두세요.

팁!

낮은 온도에서 속까지 확실하게 익힌 뒤에 높은 온도로 겉을 빠삭하게 구워 줘야 맛이 좋더라구요.,
굽는 시간과 온도는 에어프라이어 기종에 따라 다르니까 타지 않게 잘 지켜봐 주세요.,

닭기름파스타

1 인분 · 20분

재료

- ◎ 닭다리 버터구이 국물 1~2국자
- ◎ 파스타 면 100g
- ◎ 양파 1/4개
- ◎ 치킨스톡 1/2큰술
- ◎ 올리브유 약간
- ◎ 통후추 약간

파스타에 쓰이는 국물은 토마토 크기와 닭 육즙 등에 따라 양이 차이가 날 수 있어요., 간은 치킨스톡으로 잡아 주고 파스타 국물은 감칠맛을 더하는 역이라 양이 적다 해도 크게 상관은 없습니다..

끓는 물에 파스타 면을 넣고 포장지에 적힌 시간대로 삶고 건져 내 체에 밭쳐 둡니다.

양파를 얇게 슬라이스합니다.

팬에 올리브유를 두르고 양파를 넣어 중간 불에서 가장자리가 투명해질 때까지 볶습니다.

따로 둔 닭다리 버터구이 국물을 팬에 모두 붓고 끓기 시작하면 삶아 둔 파스타 면과 치킨스톡을 넣습니다.

파스타 면이 국물을 잘 흡수하도록 중간 불에서 골고루 섞어가며 볶은 다음 접시에 옮겨 담고 통후추를 갈아 올립니다.

곁/들/임/술

황천주
따로 파는 술 이름은 아니고, 술이 술 같지 않아서 쭉쭉
마시다 보면 다음 날 황천 간다 싶어 지어 준 이름입니다.
소주 2 : 사과주스 1 : 탄산수 1 비율로 말아 주면 땡..
달착지근 상큼한 사과음료 맛이라 어디에나 잘 어울리지요.
맥주는 영 배부르고, 산뜻한 것 뭐 없나 싶을 때 딱입니다.

곁/들/임/찬

초간장을 뿌린 쑥갓나물

사시사철 새송이버섯만큼은 값이 크게 변하지를 않더라구요.,
한 봉지 사 두면 일주일은 든든한 반찬거리가 되어 주지요..
여기저기 곁들여도 맛난 새송이버섯에게

새송이버터간장구이, 새송이통구이

오늘은 주인공 자리를 내어 줄까 합니다..
달콤짭짜름한 버터간장 맛이 술안주로도 밥반찬으로도 참 좋거든요,.
통구이를 하면은 고기나 관자 못지않은 감칠맛이 일품입니다..

새송이버터간장구이

1인분 / 10분 미만

재료

- 새송이버섯 1개
- 버터 20g
- 간장 1큰술
- 설탕 1/2큰술

곁/들/임/찬

쌀밥

팁!

버터간장구이는 버터도 양념도 타기 쉬우니까는 줄곧 약불을 유지해 주세요,. 버터에 쪼들하게 한 번, 간장 설탕 넣어 쪼들하게 한 번,. 두 번에 나누어 쪼들쪼들하게 구워 줘야 양념이 겉돌지 않고 맛이 좋습니다..

새송이버섯은 흙먼지를 가볍게 털어내고 밑동을 잘라 냅니다.

0.5cm 두께로 길쭉하게 썹니다.

팬에 버터를 넣고 약한 불에서 녹입니다.

썰어 둔 새송이버섯을 겹치지 않게 놓고 앞뒤로 뒤집어 가며 흥건했던 버터를 버섯이 모두 흡수할 때까지 약한 불에서 굽습니다.

분량의 간장, 설탕을 넣고 양념이 잘 배도록 3~5분간 조립니다.

새송이통구이

2 인분 · 20분

재료
◎ 새송이버섯 3개
◎ 허브솔트 적당량

팁!

통구이는 버섯 크기와 에어프라이어 사양에 따라 굽는 시간을 조절해 주세요., 버섯 기둥 두께가 엄지와 검지로 원을 만들었을 때 꽉 들어차는 크기 기준으로 13~15분 정도가 적당합니다.

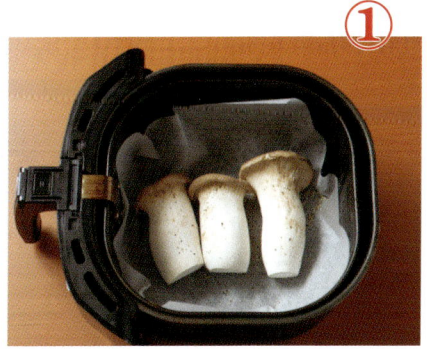

① 에어프라이어에 종이 호일을 깔고 밑동만 자른 새송이버섯을 통째로 올린 뒤 허브솔트를 충분히 뿌립니다.

② 200도에서 8분간 굽고 꺼내어 새송이버섯을 앞뒤로 뒤집어 8분 더 굽습니다.

③ 겉면이 노릇노릇한 연갈색을 띠면서 쪼그라들었을 때 꺼냅니다.

④ 1.5~2cm 두께로 도톰하게 썰어 접시에 담고 허브솔트를 곁들입니다.

곁/들/임/술

두레앙 22도 | 375ml | 6,500원대 | 홈플러스 또는 술판에서 구입

거봉 와인을 증류해서 만든 술입니다. 잘 익은 포도 한 알을 물었을 때처럼 싱싱한 포도껍질 향이 올라오는데, 또 달지는 않고 오히려 쌉싸름한 맛이 있더라구요. 아주 차게 해서 마시면 순하게 넘어가는 게 일품입니다. 반만 채운 술잔에 얼음 하나 퐁당 빠트려 빙산주로 마십니다. 레몬즙 한 방울 떨어트리면 느끼한 음식 먹고 입가심으로도 좋지요.

삶아 둔 닭가슴살은 요긴하게 쓰이지요., 한 덩이는 죽죽 찢어다가
쫑쫑 썬 부추에 비빔장 식초 참기름으루 조물조물..
다른 한 덩이는 얇게 송송 썰어 냉면 위에 처억..
삼삼한 물냉면을 후루룩 국물까지 쭈욱.,

닭가슴살실곤약냉면, 닭가슴살무침

한숨 돌리고 나서 매콤한 닭무침 한입 해 주면은 딱입니다..
실곤약은 물기만 잘 빼 주면은
오돌쫄깃 씹는 맛이 좋아 면요리로 쓰기 좋지요.,
칼로리가 적어 늦은 밤 야식으로도 부담이 없구요..

"닭가슴살 부드럽게 삶는 법"

팁!

닭가슴살을 삶을 때는 까딱하면 거품이 넘쳐 버리기 십상이라 끓일 때는 뚜껑을 열어 두어야 안전하겠지요., 남은 닭가슴살은 삶은 물과 함께 밀폐용기에 담아 냉장 보관해 주세요. 2~3일은 거뜬히 버티거든요., 그대로 썰어 먹어도 좋고 급할 때 죽죽 찢어 입맛대로 양념만 버무리면은 곁들임 반찬 삼아 먹기 좋습니다..

※ 비밀 노하우 ※

냄비에 생닭가슴살을 담고
잠길 만큼 물을 붓습니다.

센 불에서 끓입니다.

물이 끓기 시작하면 불을 끄고
뚜껑을 덮어 15~20분간 그대로
두었다가 꺼냅니다.

닭가슴살 실곤약냉면

1 인분 / 10분 미만

재료

◎ 삶은 닭가슴살(68p) 100g
◎ 실곤약 1봉(200g)
◎ 냉면육수 1봉
◎ 오이 1/8개

팁!
실곤약은 꼼꼼히 씻고 데쳐야 곤약 특유의 냄새가 빠지더라구요..
물 끓이기 귀찮은 여름철에는 전기포트를 애용하곤 합니다.

조리 전 냉면육수를 냉동실에 넣어 살짝 얼려 둡니다.

실곤약은 찬물에 손으로 박박 비벼 씻은 뒤 체에 밭쳐 뜨거운 물을 끼얹거나, 끓는 물에 데칩니다.

찬물에 한 번 더 헹군 뒤 체에 밭쳐 물기를 빼고, 양손으로 실곤약을 감싸 쥐고 꾹 짜서 물기를 완전히 제거합니다.

삶은 닭가슴살은 0.5cm 두께로 슬라이스합니다.

속이 깊은 그릇에 실곤약과 닭가슴살을 담고 냉동실에 두었던 냉면육수를 붓습니다.

오이를 얇게 채 썰어 고명으로 올립니다.

닭가슴살무침

2 인분 | 15 분

재 료

- ◎ 삶은 닭가슴살(68p) 200g
- ◎ 오이 1/3개
- ◎ 양파 1/4개
- ◎ 대파 1/8개
- ◎ 자투리 채소 1줌
  (깻잎, 당근, 고추, 양배추, 부추 등)

[양념장]*
- ◎ 고추장 1/2큰술
- ◎ 다진 마늘 1큰술
- ◎ 참기름 약간
- ◎ 간장 1큰술
- ◎ 식초 1/2큰술
- ◎ 고춧가루 1큰술
- ◎ 설탕 1작은술

* 냉면양념장 3큰술로 대체 가능

곁/들/임/술

왕주13 13도 | 375ml | 6,000~9,000원대 | 술팜에서 구입

조선 시대 궁중에서 마셨다는 약주입니다. 구기자, 야생국화, 솔잎이 들어가 은은하게 지속되는 약초 향이 아주 향긋하고 좋아요. 비 내린 다음 날의 흙냄새 같은 독특한 향도 참 마음에 들더라구요. 달큰하게 시작해서 뚝 떨어지는 시원함으로 끝이 납니다. 매콤한 무침이나 나물, 전에도 잘 어울리지요.

①

삶아 둔 닭가슴살을 결 따라 손으로 먹기 좋게 찢어 줍니다.

②

오이는 세로로 반 잘라 얇게 썰고, 양파와 대파는 얇게 슬라이스합니다.

③

깻잎, 당근, 고추 등 자투리 채소는 가늘게 채 썹니다.

④

작은 볼에 양념장 재료를 모두 넣고 잘 섞습니다.

⑤

큰 볼에 손질한 재료를 모두 넣고 양념장을 넣어 골고루 버무립니다.

곁/들/임/찬 찐 고기만두

팁!

닭가슴살 무침에는 상추, 당근, 깻잎.. 냉장고 속 남은 자투리 채소 뭐든 좋지요..

대파가 싸고 맛난 계절이면 꼭 생각나는 음식입니다..
파채만 썰어다가 냄비에 차곡차곡 담아 두면은
나머지는 손댈 것두 없지요..

대파돼지찜

보들보들 고기보다 녹진하게 익은 대파가 더 맛이 좋으니
대파 한 단도 뚝딱 사라집니다..

대파돼지찜

1인분 / 25분

팁!

간을 슴슴하게 잡아다가 겨자초간장에 찍어 먹으면 산뜻하니 맛이 좋습니다.,
대파는 익으면 숨이 죽고 부드러워져 술술 들어가니 욕심껏 많이 넣어 주세요.
함께 끓인 대파는 녹진녹진, 위에 얹은 대파는 아삭해서는 두 가지 다 맛나거든요,.
먹고 남은 국물에 물, 양념을 추가해 국수도 삶아 먹으면 더욱 든든하지요..

재료

- 돼지고기 200g (목살, 앞다리살 등 적당히 기름진 부위)
- 대파 4줄기
- 청양고추 1개
- 다진 마늘 1큰술
- 물 200ml
- 국간장 1큰술
- 액젓 1/2큰술 (멸치, 까나리 등)
- 후추 약간

[겨자초간장]
- 간장 1큰술
- 식초 1큰술
- 연겨자 약간

곁/들/임/술

경주법주 원컵 13도 | 200ml | 1,600원대 | 대형마트에서 구입

깔끔하고 쌉쌀한 청주입니다. 목 넘김이 좋고 뒤에 남는 끈적한 단맛이 없으니까는 약간은 단맛 나는 안주에 잘 어울리지요. 깔끔한 만큼 청주 특유의 향도 가벼운 술이라 진한 쌀 냄새가 나는 증류주가 맞지 않는 분께 추천합니다. 따듯하게 데워 마시면 더 부드러워지구요. 아담한 용량의 원컵으로 마시면 과음할 걱정 없어 안심입니다.

①

대파를 8cm 길이로 채 썰고, 청양고추는 송송 썹니다.

②

돼지고기는 한입 크기로 자릅니다.

③

파채는 한 줌을 따로 빼두고 나머지를 냄비 바닥에 수북하게 깔아 줍니다.

④

파채 위에 돼지고기와 청양고추, 다진 마늘, 국간장, 액젓, 물을 순서대로 넣고 뚜껑을 덮어 센 불에서 끓입니다.

⑤⑥⑦

보글보글 끓기 시작하면 중약불로 줄여 15분간 뭉근히 끓입니다.
작은 종지에 간장과, 식초, 연겨자를 취향껏 넣고 잘 섞어 겨자초간장을 만듭니다.

뚜껑을 열고 따로 둔 파채 한 줌을 올린 뒤 후추를 살짝 뿌립니다.

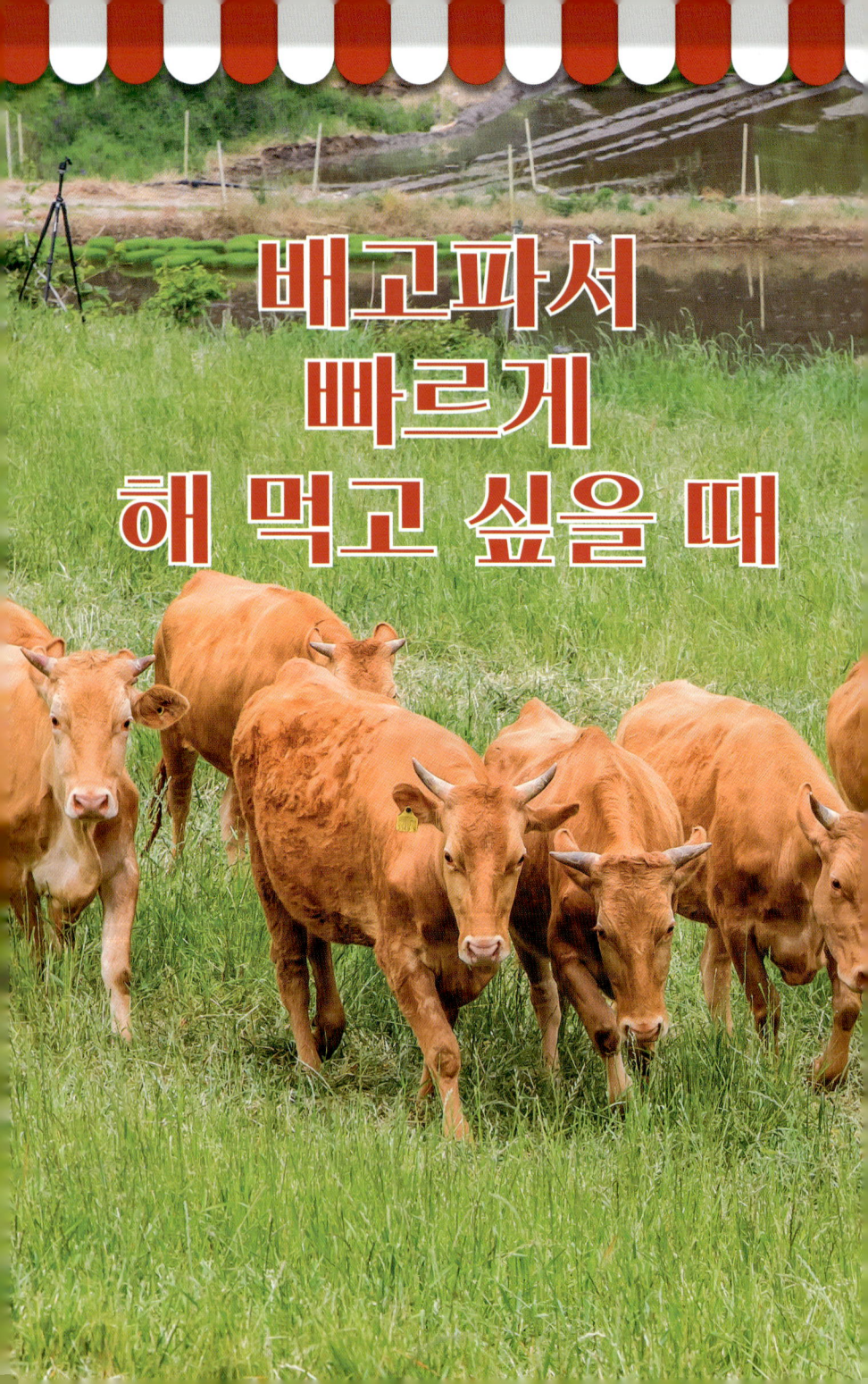

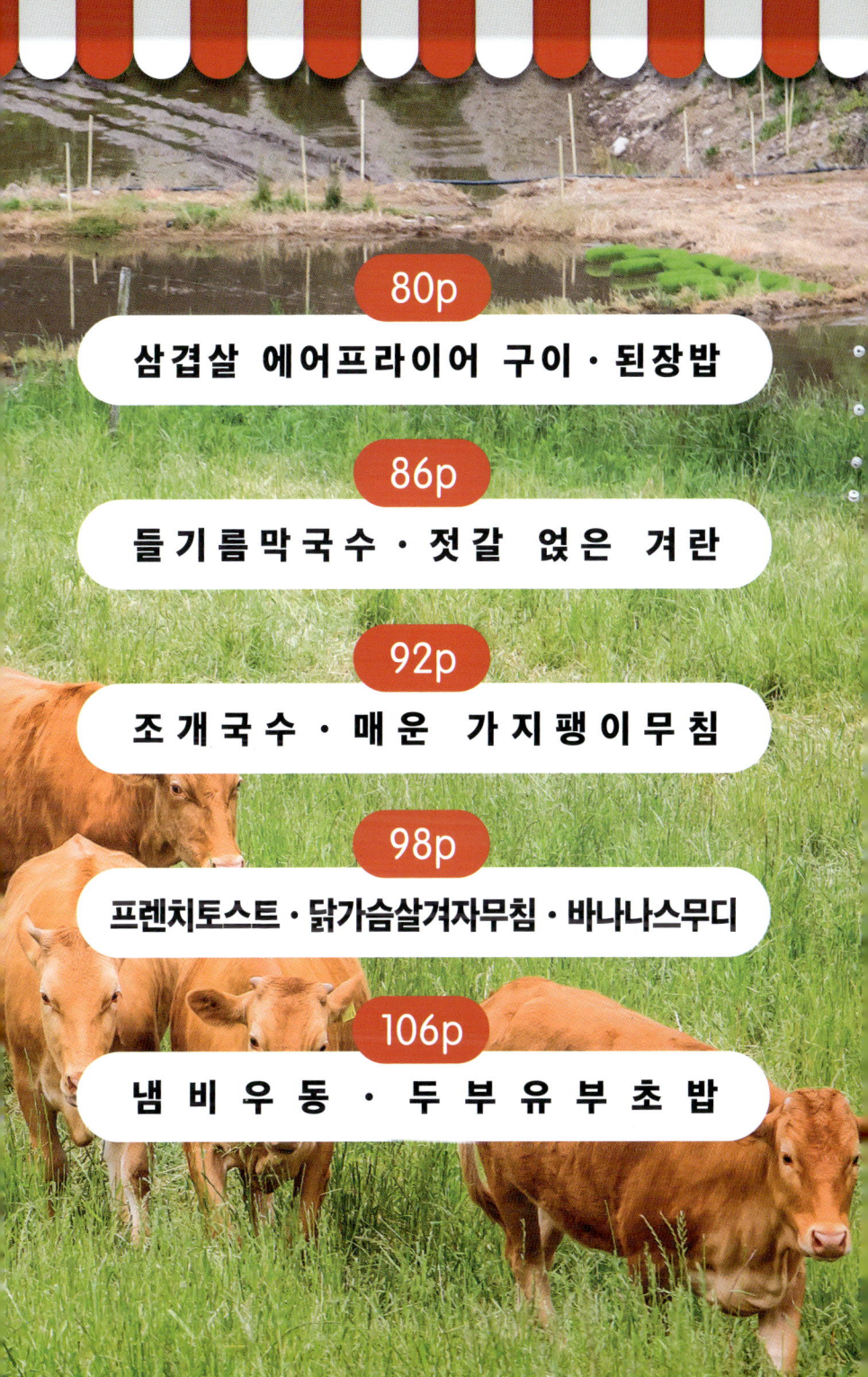

80p
삼겹살 에어프라이어 구이 · 된장밥

86p
들기름막국수 · 젓갈 얹은 계란

92p
조개국수 · 매운 가지팽이무침

98p
프렌치토스트 · 닭가슴살겨자무침 · 바나나스무디

106p
냄비우동 · 두부유부초밥

까스버너에 후라이팬이라도 터억 얹어 두고
자글자글 굽는 삼겹살에, 김치는 기가 막히지요.,
이걸 집에서 굽게 되면은 사방팔방 튀는 기름에 아이고.,
고기 굽는 연기는 또 어쩌구요 .,

삼겹살 에어프라이어 구이, 된장밥

두툼한 통삼겹살 뚝 끊어다가 에어프라이어 윙 돌려 수면은
불맛은 덜한 대신에 속까지 촉촉하니 식어도 맛나거든요.,
갈치속젓에 구운 마늘 한 점 올려 소주 한 잔을 착..
밖에서 먹는 삼겹살이 부럽질 않습니다..

삼겹살 에어프라이어 구이

2인분 / 30분

 팁!

구운 삼겹살을 5분 정도 잠시 두었다가 자르면은 육즙이 꽉 차올라 더 맛나더라구요. 취향 따라 쌈장, 고추냉이를 곁들여 드셔요. 허브솔트는 양껏 칠해 놔도 고기가 원체 두껍다 보니 짜지 않아요.

재료

◎ 두께 2~3cm 삼겹살 400g
◎ 마늘 10~15알
◎ 참기름 2큰술
◎ 허브솔트 적당량

①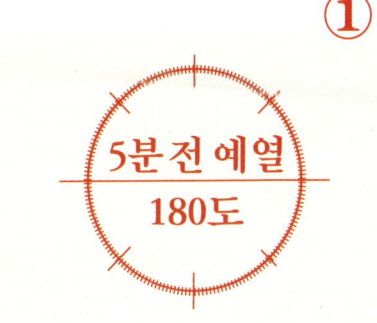

에어프라이어는 굽기 5분 전에 180도로 예열합니다.

②

삼겹살에 앞뒤로 허브솔트 1큰술씩을 듬뿍 뿌립니다.

③

쿠킹 호일 두 장을 겹쳐 우묵하게 모양을 잡아 종지를 만듭니다.

tip. 실제 컵 바닥을 쿠킹 호일로 감싸면 쉽게 만들 수 있어요.

④

쿠킹 호일에 마늘과 참기름을 담고 허브솔트를 2꼬집 정도 뿌립니다.

⑤

종이 호일을 깔지 않은 에어프라이어에 삼겹살과 마늘 담긴 종지를 담습니다.

⑥

180도에서 8분간 굽고 꺼내어 삼겹살을 한 번 뒤집은 뒤 8분 더 굽습니다.

된장밥

2 인분 | 25분

재료

- 밥 1공기
- 두부 1/4모
- 양파 1/4개
- 애호박 1/4개
- 청양고추 1개
- 대파 1/8개
- 다진 대파 1큰술
- 다진 마늘 1작은술
- 된장 2큰술
- 물 300ml
- 다시다 1/2작은술

두부는 깍둑 썰고 양파는 잘 익도록 2cm 크기로 썹니다. 애호박은 같은 크기로 은행잎 썰기를 하고 대파는 어슷하게 썹니다. 청양고추는 송송 썹니다.

뚝배기에 밥과 다진 대파를 뺀 나머지 재료를 모두 넣고 된장이 뭉치지 않게 숟가락으로 잘 풀어 줍니다.

중간 불에 올려 끓기 시작하면 밥을 넣고 중약불로 줄여 뭉근히 끓입니다.

10~15분 정도 지나 국물이 자박자박 잦아들고 밥이 죽처럼 푹 퍼지면 다진 대파를 얹습니다.

곁/들/임/찬

갈치속젓, 생마늘종

곁/들/임/술

한라산21 21도 | 360ml | 1,850원대

지글지글 삼겹살에는 쐬주만 한 게 없지요. 제주의 한라산 소주는 독하면서도 맑고 알코올 냄새 없이 깔끔하게 탁 넘어갑니다. 여행 가서 먹던 버릇 때문인지 삼겹살이나 회를 먹을 때 꼭 찾게 되는데, 요즘은 편의점에서도 쉽게 구할 수 있어 아주 기쁩니다.

좋은 들기름 한 병만 있으면은
입맛 없을 때 후루룩 뚝딱 국수 한 그릇 말아 먹기 딱입니다.,
들기름에 깨까지 왕창 들어갔으니
방앗간 앞을 지나갈 때처럼 고소한 냄새에

들기름막국수, 젓갈 얹은 계란

없던 입맛도 후다닥 돌아오지요..
잘깃잘깃 씹히는 나물이 또 고소함에 한몫 더해 줘서는
아주 궁합이 좋아요..

들기름막국수

1 인분 15 분

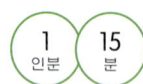

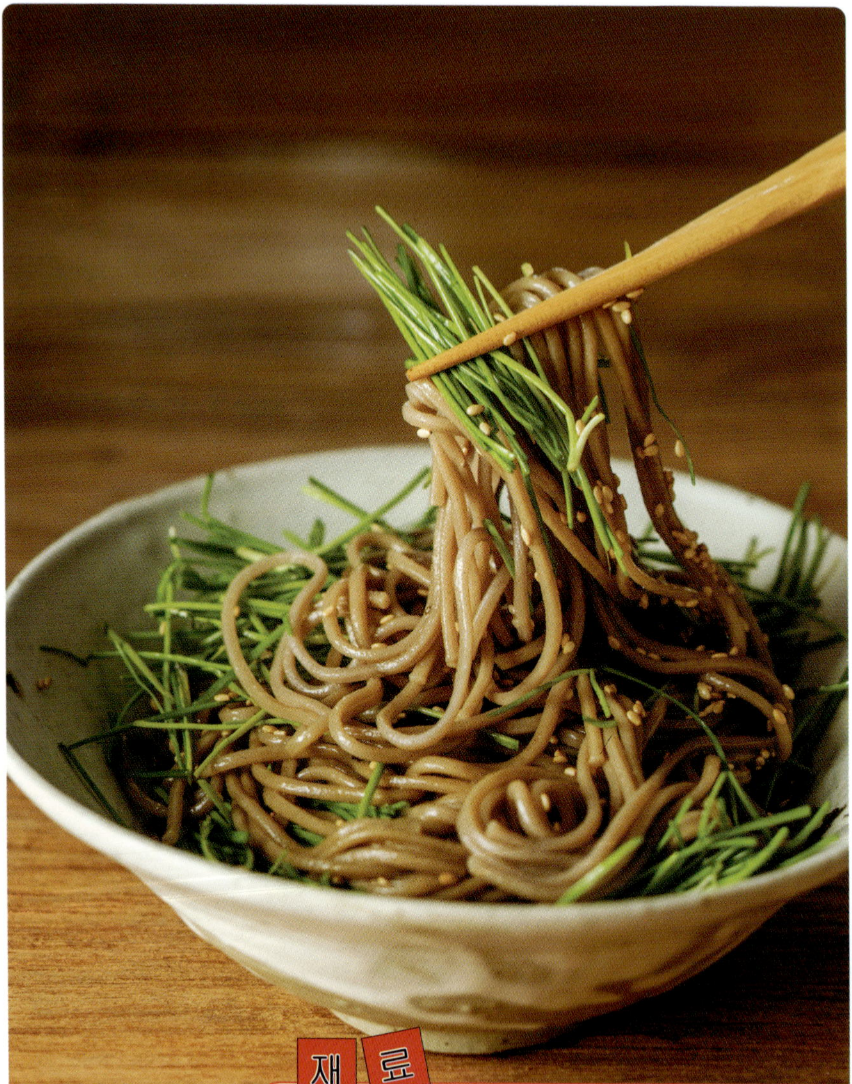

재 료

◎건조 메밀면 1인분
(쥐었을 때 100원 동전 크기)
◎영양부추 또는 세발나물 1줌
◎조미김 1팩

[양념장]
◎들기름 2큰술
◎진간장 3큰술
◎맛술 1큰술
◎통깨 1큰술

냄비에 물을 가득 붓고 끓으면 건조 메밀면을 넣어 바글바글 거품이 끓어오를 때 찬물 1/2컵을 붓습니다.

두 번째 끓어오를 때 다시 찬물 1/2컵을 붓고, 세 번째 끓어오를 때 불을 끄고 삶은 메밀면을 체에 밭쳐 찬물로 박박 헹군 뒤 물기를 빼 둡니다.

영양부추는 흐르는 물에 헹궈 4~5cm 길이로 뚝뚝 썹니다.

tip. 영양부추는 알싸한 맛이 나고, 세발나물을 넣으면은 고소한 맛이 나니 취향 따라 선택하세요.

그릇에 물기 뺀 메밀면과 영양부추를 담습니다.

작은 볼에 양념장 재료를 모두 넣고 잘 섞습니다.

메밀면을 담은 그릇에 양념장을 붓고 조미김 1팩을 손으로 적당히 찢어 올려 잘 비벼 먹습니다.

젓갈 얹은 겨란

1인분 / 10분 미만

재 료

◎ 달걀 3개
◎ 젓갈 1큰술
　(오징어, 창란, 명란 등)
◎ 다진 청양고추 1/2큰술
◎ 다진 마늘 1/2작은술
◎ 참기름 약간

곁/들/임/술

C막걸리 시그니처큐베 12도 | 375ml | 16,000원대 | 주류사회 합정점에서 구입
조금은 고급스러운 막걸리입니다. 적당히 꾸덕하니 걸쭉한데, 쌀 음료를 농축시킨 듯 기분 좋게 부드럽지요. 봄나물 같은 쌉싸름한 맛이 감도는 게.. 부어라 마셔라보다는 차분하게 혼자 봄맞이 반주를 하기에 제격입니다.

①  ②

냄비에 달걀을 넣고 잠길 만큼 물을 부은 뒤 센 불에 올려 끓기 시작한 지 5~6분이 지나면 불을 끄고 찬물에 담가 빠르게 식힙니다.

젓갈은 가위로 잘게 자릅니다.

③  ④  ⑤

작은 볼에 잘게 자른 젓갈과 다진 청양고추, 다진 마늘, 참기름을 넣고 잘 섞습니다.

삶은 달걀은 껍질을 벗기고 세로로 반 자릅니다.
노른자 위에 버무려둔 젓갈을 조금씩 얹습니다.

곁/들/임/찬

냉동 전(해물완자, 녹두전 등)

팁!

들기름막국수는 실곤약으로 만들어도 맛이 좋습니다..
기름이 겉돌지 않게 물기만 꽉 눌러 짜 주면 술술술 들어가거든요.,
계란은 크기에 따라 달라지겠지만 기본적으로 반숙 기준이라
완숙을 좋아하면은 삶는 시간을 늘려 주세요.,,
취향 따라 젓갈에 잣, 아몬드, 호두 등 견과류나
고수, 쑥갓잎 같은 향미채소를 다져 넣으면
짠맛도 줄고 식감과 향도 좋아지지요.,

슴슴하니 따끈한 거 뭐 없나.. 싶은 날에
냉동실 속 조개 한 줌만 있으면 마음이 다 든든합니다..
냄비 하나에 툭 툭 던져 넣고 기지개나 한번 쭈욱.,

조개국수, 매운 가지팽이무침

복잡하게 생각하지 않고 툭 툭 끓여 내면 더 맛난 음식입니다,.
출출한 밤 야식으로 훌훌 국수 한 그릇.,
시원한 조갯국물까지 들이키고 나면은 답답한 속이 탁 풀리지요..

조개국수

1 인분 · 10분 미만

재료

- 조개 200g
  (동죽, 바지락 등 해감된 것)
- 소면 1인분
  (쥐었을 때 100원 동전 크기)
- 대파 1/2줄기
- 청양고추 1개
- 다진 마늘 1/2큰술
- 물 800ml
- 소금 1/2작은술
- 맛소금 약간
- 후추 약간

해감된 조개는 찬물에 바락바락 씻어 이물질을 제거하고 체에 받쳐 둡니다.

대파는 얇게 송송 썰고, 청양고추는 어슷하게 썹니다.

냄비에 조개와 분량의 물, 청양고추, 소금, 다진 마늘을 넣고 중간 불에서 끓입니다. 물이 끓어오르고 조개 입이 벌어지면 소면을 넣습니다.

3~4분 뒤 소면이 익으면 대파와 후추를 넣습니다. 모자란 간은 맛소금으로 맞춥니다.

팁!

조개는 해감된 것을 사다가 한 번 휘리릭,. 찬물에 헹궈서는 지퍼 팩에 넣어 얼려 두면 어지지기 요긴히 쓰입니다. 조금 더 힘을 내서 소면만 따로 삶아다 넣으면 맑고 깔끔한 국물이 되지요,.

해감되지 않은 조개라면은 넉넉한 소금물에 담가다가 깜장 비닐 봉다리 씌워 냉장고에 하룻밤,.. 이게 생각처럼 되지가 않더라구요., 아이고.. 가능하다면 해감되어 있는 조개루 드셔요..

매운 가지팽이무침

2 인분 | 20 분

재 료

◎ 가지 2개
◎ 팽이버섯 1봉
◎ 마늘 2알
◎ 라조장 1+1/2큰술
◎ 겨자 1/2작은술
◎ 식초 1큰술
◎ 설탕 1작은술

곁/들/임/찬
열무김치

곁/들/임/술

박재서 명인안동소주 35도 | 360ml | 7,900원대 | 술꾼에서 구입
진하고 묵직한 안동소주입니다. 국간장 같기도, 다크초콜릿 같기도 한 쿰쿰한 향이 낯설지 않게 느껴질 정도로 아주 잘 만든 술이지요. 한 모금 홀짝이면은 끈적한 듯 넘어가다 뜨끈하니 쓰윽 내려가는 게.. 숨 한 번 타악 내쉬고 또 다음 안주로 젓가락이 가게 만들어 줍니다.

가지는 꼭지를 자른 뒤 세로로 길게 반 자릅니다.

팽이버섯은 밑동을 자르고 마늘은 잘게 다집니다.

tip. 아작아작 씹히는 마늘이 생명이라 통마늘을 다져 써요.

내열 용기에 가지를 담고 랩을 씌워 전자레인지에 넣고 5분간 돌립니다.

내열 용기를 꺼내 팽이버섯을 함께 담고 다시 랩을 씌워 1분간 더 돌립니다.

랩을 벗기고 용기에 고인 물기를 따라 낸 뒤 가지와 팽이버섯을 젓가락으로 먹기 좋게 찢고 라조장과 겨자, 식초, 설탕, 다진 마늘을 넣어 젓가락으로 잘 버무립니다.

다시 랩을 덮고 냉장고에 10분간 넣어 식힌 뒤 접시에 옮겨 먹습니다.

프렌치토스트,

모처럼의 느긋한 주말 점심이니 조금은 멋 부려서 차려 볼까요..
이삼일 묵어 딱딱해진 식빵을
우유 계란 설탕 연유에 풍덩..,
반나절 묵혀 뒀다 버터에 지글지글..

닭가슴살겨자무침, 바나나스무디

달달한 시럽까지 흠뻑 끼얹어 주면
살살 녹는 프렌치토스트지요..
나름대로 샐러드에 달달한 음료까지 곁들여 짠.,
이 정도면은 카페에서나 먹는 브런치 세트라고 해도 되려나요..

프렌치토스트

1 인분 | 4 시간재우기 | 10 분

재료

- 두께 2cm 정도의 딱딱한 빵
  (식빵, 바게트 등 하루이틀 묵은 것)
- 우유 200ml
- 달걀 2개
- 버터 2큰술
- 연유 2큰술
- 설탕 1큰술
- 소금 1꼬집
- 메이플시럽 적당량

① 넓은 그릇에 달걀을 깨트려 풀고 우유와 연유, 설탕, 소금을 넣어 잘 섞습니다.

② 그릇에 딱딱한 빵을 서로 겹치지 않게 담고 랩을 덮어 냉장고에서 4시간에서 하룻밤 정도 재웁니다.
tip. 이때 중간에 꺼내서 위아래를 한 번 뒤집어 주세요.

③ 팬에 버터를 넣고 약한 불에서 녹인 뒤 재워둔 빵을 하나씩 올리고 앞뒤로 노릇하게 지집니다.

④ 빵 가운데 부분이 살짝 봉긋하게 부풀어 오르면 접시에 담고 메이플시럽을 취향껏 뿌려 먹습니다.

팁! 프렌치토스트는 두껍게 썬 빵, 혹은 하루이틀 정도 지나 딱딱하게 굳은 빵으로 만들어야 달걀물을 쏘옥 머금게 두어도 흐물흐물 녹아내리지를 않거든요., 뒤집을 때도 조심조심.. 뒤집개로 흐트러지지 않게 살며시 뒤집어 주셔요.,

닭가슴살겨자무침

2인분 / 10분 미만

재료

- 삶은 닭가슴살(68p) 150g
- 오이 1/3개
- 세발나물 또는 영양부추 1줌
- 오리엔탈소스 2큰술
- 머스터드 1큰술
- 마요네즈 1큰술
- 통후추 약간

삶은 닭가슴살은 손으로 잘게 찢어 둡니다.

오이는 0.5cm 두께로 어슷 썬 뒤 가늘게 채 썰고, 세발나물은 찬물에 씻어 체에 밭쳐 물기를 뺀 뒤 오이와 같은 길이로 자릅니다.

볼에 닭가슴살과 오이, 세발나물, 오리엔탈소스, 머스터드, 마요네즈를 모두 넣고 젓가락으로 잘 버무립니다.

접시에 옮겨 담고 마무리로 통후추를 갈아 올립니다.

바나나스무디

1 인분 10 분 미만

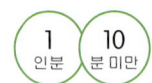

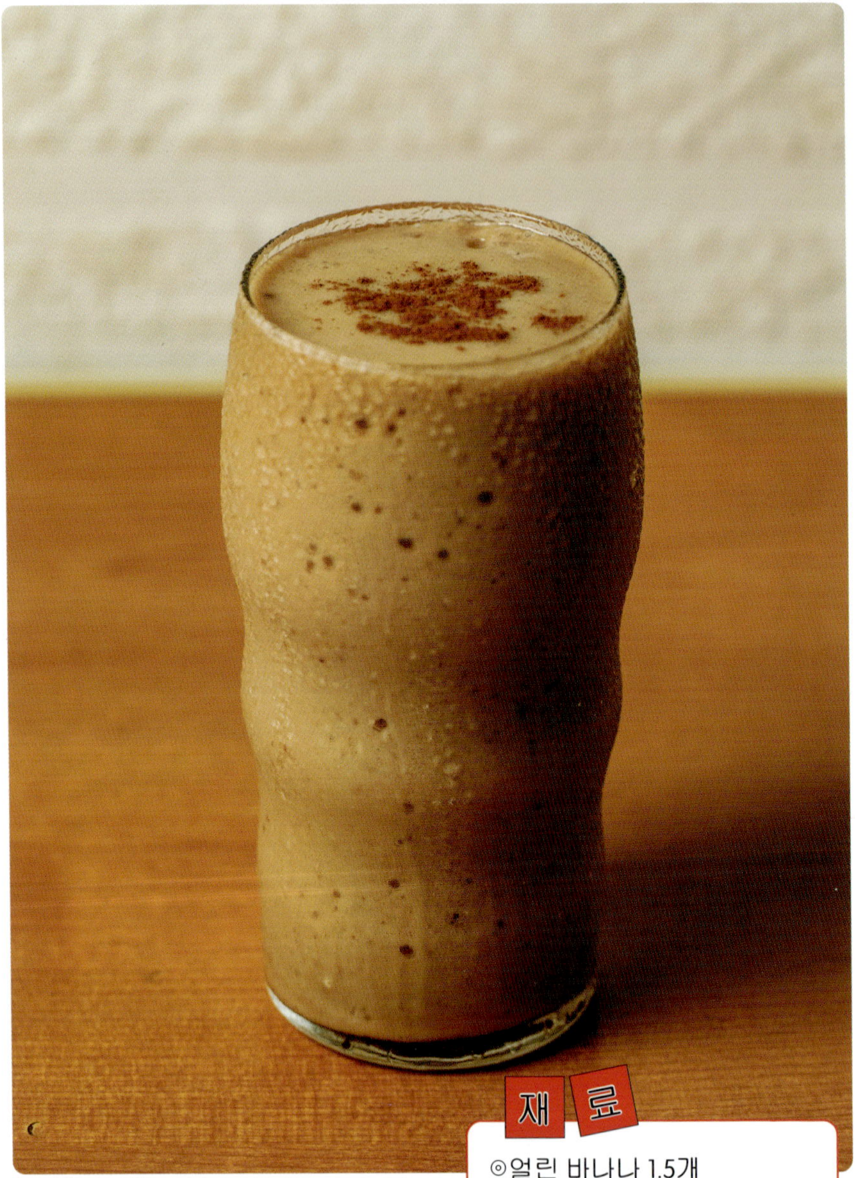

재료

◎얼린 바나나 1.5개
◎우유 150ml
(두유, 아몬드브리즈로 대체 가능)
◎계핏가루 약간

바나나는 적당한 크기로 썰어 지퍼 팩에
담고 냉동실에 넣어 얼려둡니다.

용기에 얼린 바나나와 우유를 담고
핸드블렌더나 믹서기로 곱게 갑니다.

컵에 옮겨 담고 계핏가루를 살짝 뿌립니다.

곁/들/임/찬
소시지, 과일

곁/들/임/술

밀크티 위스키
주말 낮에 느긋하게 홀짝이기 좋은 술입니다. 간단히 가루로 된
호지차에 따듯한 우유와 설탕 넣어 조금 진하다 싶게 탄 밀크티에다
좋아하는 위스키를 한 잔 쪼로록.. 한 주 동안 쌓인 긴장이 눈 녹듯이
사르르 녹지요. 잠이 오지 않는 밤에도 참 좋습니다.

팁!

바나나 한 송이 사다 두면은 꼭 다 먹기두 전에 상해 버리더라구요.,
껍질 벗긴 바나나를 서너 토막으로 뚝 뚝,. 지퍼 팩에 담아 얼려
두면은 시원한 디저트 땡길 적에 꽝꽝 얼린 바나나 서너 조각에다
우유 넣구 웽 갈아 스무디를 땡.. 바나나 양을 늘리면은 빽빽하니
아이스크림 대신 먹어도 손색없지요..

추운 겨울 김이 뿌옇게 서린 우동집 문을 열고 들어가면
묻지도 따지지도 않고 냄비우동 하나씩을 턱 턱 내어 주곤 했습니다.,
정성스레 따로 우린 육수도 아니고 직접 뽑은 면발도 아니지요..

냄비우동, 두부유부초밥

집에서도 끓일 수 있는 시판 우동에다
쑥갓에 고춧가루 김 정도가 더해졌을 뿐인데도.,,
날이 추워서인지 남이 끓여 줘 그런지 그렇게 맛이 좋더라구요..
오늘은 특별할 것 없는 우동에 약간의 수고를 더해 볼까요..

냄비우동

1인분 / 10분 미만

재료
- 한성기업 해물맛 우동 1개
- 달걀 1개
- 쑥갓 3줄기
- 물 400ml
- 고춧가루 적당량
- 후추 적당량
- 조미김 1/2팩

① 양은냄비에 분량의 물을 담고 끓입니다.

② 쑥갓은 아랫부분의 굵은 줄기를 잘라내고 4cm 길이로 자릅니다.

③ 물이 끓어오르면 우동스프를 풀고 면을 넣은 뒤 달걀을 깨트려 넣고 센 불에서 끓입니다.

④ 2분 뒤 쑥갓을 얹고 고춧가루와 후추를 취향껏 뿌린 뒤 조미김을 손으로 잘게 찢어 올립니다.

두부유부초밥

1인분 / 10분

재료

- 부침용 두부 1/2모
- 유부초밥용 조미유부 1팩
- 마요네즈 1작은술

팁!

두부유부초밥은 두부의 물기를 적당히 꼬옥 짜내는 게 관건입니다., 물기가 적은 부침용 두부나 손두부를 쓰세요.. 아주 비틀어 짜내면은 퍼석퍼석 영 맛이 나질 않구 덜 짜내자니 질척거리는 게 또 별로거든요.. 촉촉하고 보슬보슬하게.. 한두 번 해 보면 금세 감이 딱 잡힐 거여요., 두부가 질다 싶을 때는 숟가락으로 봉긋하게 모양 잡아 유부에 넣는 것도 좋은 방법입니다..

두부는 4등분하고 각각 양손으로 살짝 힘주어 짜서 물기를 뺀 뒤 볼에 옮겨 손으로 잘게 으깹니다.

으깬 두부에 유부초밥용 식초소스와 채소프레이크, 마요네즈를 넣어 잘 섞습니다.

잘 섞은 두부를 한입 크기로 뭉쳐 조미유부 속을 채웁니다.

곁/들/임/술

백화수복 13도 | 700ml | 4,500원대
제사상에 올리거나 음식에 종종 넣는 대중적인 청주 백화수복입니다. 뜨끈한 국물에 뜨끈한 술이 들어가면은 온몸에서 열이 훅훅 돌다 기분 좋은 땀으로 쭈욱 빠져 나가지요. 머그컵에 그득하니 따라 향이 날아가지 않도록 랩 씌워서는 전자레인지 2분 땡, 콧속으로 들어오는 향이 아주 편안하고 좋아요. 추운 겨울철 이만한 술이 없습니다.

곁/들/임/찬

미나리나물, 김

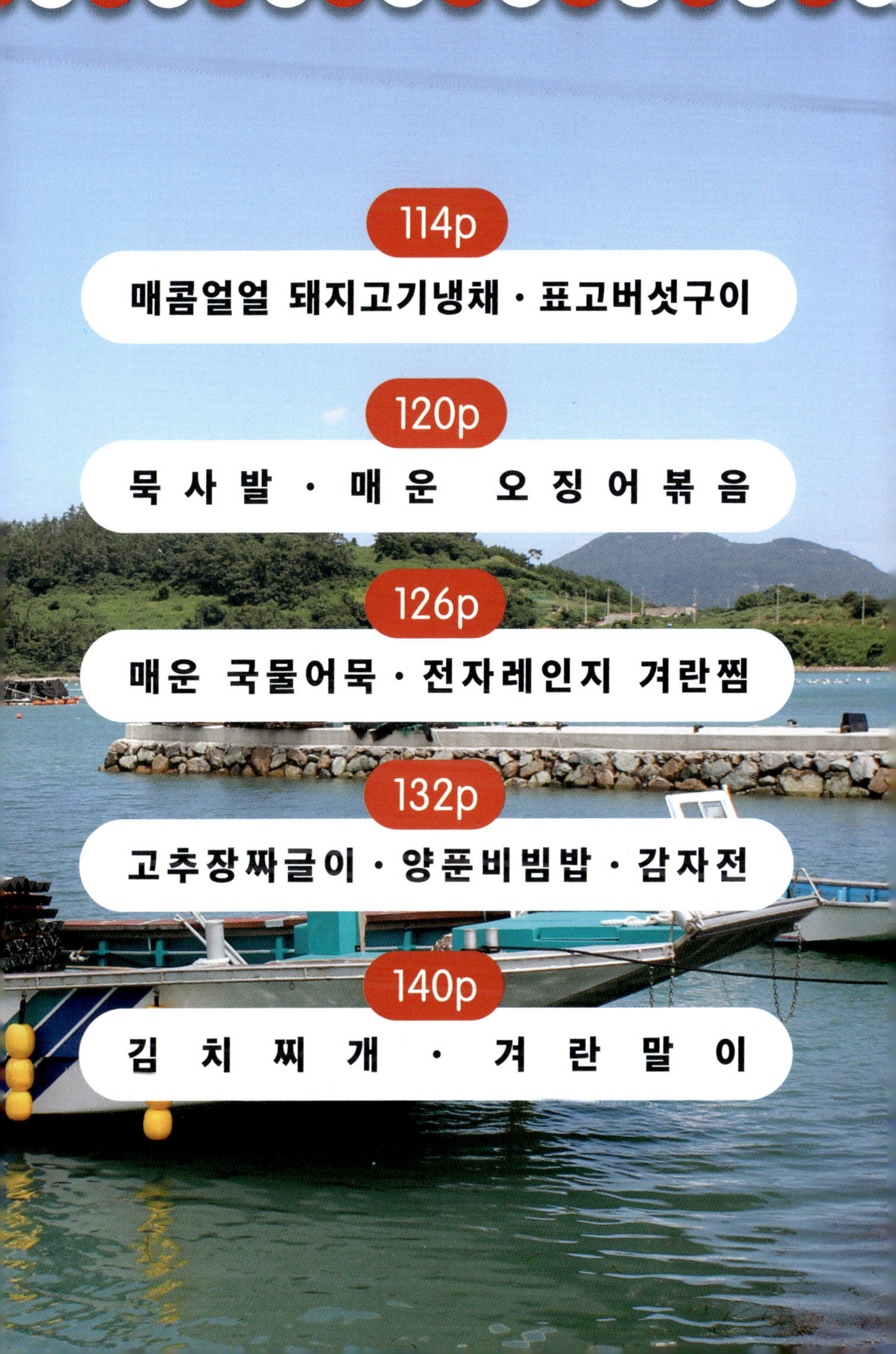

114p
매콤얼얼 돼지고기냉채 · 표고버섯구이

120p
묵사발 · 매운 오징어볶음

126p
매운 국물어묵 · 전자레인지 겨란찜

132p
고추장짜글이 · 양푼비빔밥 · 감자전

140p
김치찌개 · 겨란말이

여름에는 채소가 참 싸고 싱싱합니다..
얇은 돼지고기 데쳐다가 찬물에 헹궈 두고 냉장고 속 남은 채소가 어디 보오자,.
아삭아삭 씹는 맛 좋은 놈도 파릇파릇 잎채소도 한데 모아 통통통..

매콤얼얼 돼지고기냉채, 표고버섯구이

매콤새큼 양념에 얼얼한 산초 맛이 순식간에
한 바가지씩 먹게 만들지요..
불을 오래 쓸 필요도 없어 더운 여름날에 딱입니다..

매콤얼얼 돼지고기냉채

1 인분 / 20 분

재료

- 돼지고기 불고깃감 200g
  (앞다리살, 뒷다리살, 목살 등으로 대체 가능)
- 파프리카 1/2개
- 양파 1/2개
- 오이 1/2개
- 깻잎 5장
- 쑥갓 5줄기

[소스]
- 라조장 1+1/2큰술
- 식초 3큰술
- 겨자 약간

①

정육점에서 얇게 썰어 온 돼지고기 불고깃감을 6cm 길이로 썹니다.

②

끓는 물에 돼지고기를 넣고 서로 달라붙지 않게 젓가락으로 떼어 가며 3분간 데친 뒤 찬물에 담가 한 김 식히고 체에 밭쳐 물기를 뺍니다.

③

파프리카는 1cm 두께로 길게, 오이는 반달 모양으로 썰고 깻잎은 겹쳐서 돌돌 말아 양파와 함께 얇게 채 썹니다.
tip. 채 썬 양파는 매운기가 빠지도록 찬물에 담가 두면 좋아요.

④

쑥갓은 끓는 물에 넣어 20초간 짧게 데치고 찬물에 담가 식힌 뒤 5cm 길이로 썹니다.

⑤

작은 볼에 소스 재료를 넣고 잘 섞습니다.

⑥

접시에 썰어 둔 채소를 빙 둘러 담고 가운데에 데친 돼지고기를 올린 뒤 소스를 끼얹거나 찍어 먹습니다.

팁!

불고깃감 돼지고기는 오래 익히면 또 퍽퍽해지구 그래요., 두께에 따라 데치는 시간을 조절해 주셔요.. 고기 한가운데를 잘라 보았을 때 핑크색 핏기 없이 허옇게 익었다.. 하면 땡입니다,. 약간은 기름이 있는 부분을 쓰는 게 야들야들하니 맛이 좋지요.,

표고버섯구이

1 인분 / 10분 미만

재료

- 표고버섯 3개
- 간장 1/2큰술
- 허브솔트 적당량

팁!

버섯은 물이 닿으면 짓무르고 향이 달아나기 때문에 먼지만 털어내거나, 영 찜찜하다 싶으면은 흐르는 물에 짧게 씻어 주세요.. 기둥 부분은 따로 모아 냉동실에 두었다가 된장찌개 국물 낼 때 쓰면 또 기가 막히구요.,

표고버섯 기둥은 손으로 비틀어 뗀 뒤 버섯 뚜껑을 손으로 가볍게 두드려 먼지만 털어 냅니다.

표고버섯의 오목한 안쪽 부분이 위로 오도록 마른 팬에 올려 아주 약한 불에서 3분, 뒤집어서 2분간 굽습니다.

다시 뒤집어 표고버섯 안쪽에 간장 1~2방울씩을 얹고 허브솔트를 살짝 뿌립니다.

곁/들/임/술

혁명소주 42도 l 500ml l 6,000원대 l 주류할인점(스타보틀)에서 구입
이름은 소주지만 중국의 고량주입니다. 뚜껑을 딱 열었을 때 짭짜롬하게까지 느껴지는 진한 향이 호불호야 갈리지겠만 깊은 감칠맛이 매력적인 술이지요. 맛이 진한 중국음식에는 물론, 아삭아삭 생채소만 안주 삼아 먹어도 모자람이 없습니다.

곁/들/임/찬

토마토와 마요네즈

꿉꿉한 날엔 묵사발 한 그릇 시원하게 말아 봅니다 .,
도토리묵 길죽하니 썰어다가 양파 땡초 김치 와다다 ,.
동치미맛 냉면육수 한 봉다리 좔좔 ,.
입맛 따라 식초, 간장 추가해 주고 김 박박 뜯어 올려

묵사발, 매운 오징어볶음

얼음 동동 띄우면 간단하지요,.
쫀득쫀득 매콤한 오징어볶음과 번갈아 먹다 보면
축 가라앉아 있던 기분도 개운해지기 마련입니다..

묵사발

2 인분 / 15 분

재료

- ◎ 도토리묵 1모
- ◎ 냉면육수 1팩
- ◎ 다진 배추김치 3큰술
- ◎ 당근 2cm 한토막
- ◎ 양파 1/2개
- ◎ 오이 1/3개
- ◎ 식초 1큰술
- ◎ 국간장 1/2큰술
- ◎ 통깨 약간
- ◎ 조미김 1팩

팁!

묵사발은 도토리묵 대신 메밀묵을 쓰면 좀 더 보드랍구 편한 맛이 됩니다.. 냉면육수마다 맛이 다르니까는 입맛 따라 설탕이나 식초를 조금씩 더해서 드셔요.,

①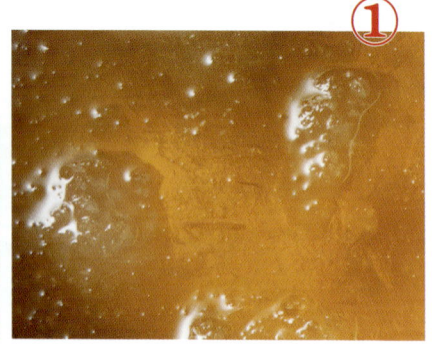

냉면육수는 미리 냉동실에 넣어 살얼음이 질 정도로 차게 만듭니다.

도토리묵은 1cm 두께의 길쭉한 모양으로 자릅니다.
배추김치는 잘게 다집니다.

당근과 양파는 가늘게 채 썰고, 오이는 얇은 반달 모양으로 썹니다.

볼에 냉면육수를 담은 뒤 식초와 국간장을 넣고 잘 섞어 밑간합니다.

그릇에 도토리묵을 담고 주변으로 양파와 당근, 오이, 다진 배추김치를 얹습니다.

고명이 흐트러지지 않게 그릇 바깥쪽에서부터 밑간한 냉면육수를 붓습니다.

조미김을 손으로 찢어 곁들이고 통깨를 뿌립니다.

매운 오징어볶음

2 인분 | 20분

재료

- 오징어 2마리
- 양파 1/2개
- 대파 1/2대
- 청양고추 1개
- 카놀라유 약간
- 설탕 1큰술
- 굵은 소금 적당량

[양념장]
- 다진 마늘 1/2큰술
- 참기름 1/2큰술
- 간장 3큰술
- 맛술 1큰술
- 고춧가루 3큰술
- 후추 적당량

곁/들/임/찬

데운 두부

팁!

오징어볶음은 물기가 적고 매콤한 맛입니다., 물기 많은 채소 말구 딱 양파, 고추, 대파 정도만 넣어야 맛이 나더라구요.. 마지막에 통깨 살짝 흩뿌려주면 더 예쁘겠지요..

곁/들/임/술

김포금쌀 선호생막걸리 6도 | 750ml | 1,900원대 | 주류사회에서 구입

텁텁해서 막걸리가 별로라는 사람도 맛있게 마실 수 있는 막걸리입니다. 산뜻하고 세련된 맛이라고나 할까요? 톡톡 튀는 탄산이 더부룩하지 않게 물인 듯 술인 듯 쭈욱 들이키도록 도와주지요. 매콤한 볶음 안주와 곁들이면 아주 좋아요. 유통기한 조금 넘긴 것이 더 맛나다는 건 비밀입니다.

오징어는 굵은 소금으로 빨판까지 꼼꼼히 문지른 뒤 흐르는 물에 깨끗이 헹구고 키친타월에 올려 물기를 제거합니다. 몸통은 1.5cm 두께로, 다리는 한 가닥씩 썹니다.

양파는 슬라이스하고, 청양고추와 대파는 어슷하게 썹니다.

작은 볼에 양념장 재료를 모두 넣고 잘 섞습니다.

마른 팬에 설탕과 오징어를 넣고 설탕이 오징어에 잘 배일 수 있게 팬을 흔들어 가며 중간 불에서 볶습니다.

설탕 입자가 사라지면 양파와 청양고추, 대파와 카놀라유를 넣고 센 불에서 30초간 짧게 볶습니다.

양념장을 넣고 골고루 섞어 가며 5분간 센 불에서 볶습니다.

시장 한켠 오뎅집에를 가면 고민에 빠집니다.,
순하고 익숙한 맛의 하얀 오뎅을 먹느냐
시뻘걸고 칼칼한 매운 오뎅을 먹느냐 ..
간이 쏘옥 배어들었을 꼬불이 오뎅이냐

매운 국물어묵, 전자레인지 겨란찜

통통하니 씹는 맛 좋은 막대 오뎅이냐.,
매운 오뎅 먹을 적에는 순한 국물 한 컵 떠 마셔야지요..
보드라운 겨란찜이 불난 입에 소방차가 되어 줍니다.,

매운 국물어묵

2인분 / 40분

재료

- ◎사각어묵 6장
- ◎나무젓가락 3개
- ◎대파 5cm

[육수]
- ◎무 1/5개
- ◎멸치 1줌
- ◎말린 베트남고추 3개
- ◎물 1.5L

[양념장]
- ◎다진 청양고추 1개
- ◎다진 마늘 2큰술
- ◎다진 대파 1큰술
- ◎고추장 3큰술
- ◎물엿 2큰술
- ◎간장 3큰술
- ◎맛술 혹은 소주 3큰술
- ◎고춧가루 4큰술
- ◎설탕 2큰술
- ◎카레가루 1/2큰술
- ◎다시다 1/2큰술
- ◎후추 약간

팁!
빨간 양념은 넉넉히 만들어 두었다가 입맛 따라 간이 부족하다 싶으면은 추가로 찍어 먹게 곁들이면 좋지요., 오뎅 국물은 무 토막에 젓가락이 쑤욱 들어갈 때까지 푸욱 끓여야 맛이 납니다.,.

냄비에 육수 재료를 모두 넣고 중간 불에서 끓입니다.

볼에 양념장 재료를 모두 넣고 잘 섞습니다.

육수가 끓기 시작하면 양념장 볼에 육수를 두 국자 넣고 잘 개어 고춧가루를 불립니다.

육수는 거품을 걷어 가며 계속 중간 불에서 끓이다가 국물이 2/3 정도로 줄면 무를 건져서 큼직하게 썰고 나머지 육수 재료는 건져서 버립니다.

어묵은 길게 반 접어서 나무젓가락으로 가운데를 위아래로 왔다갔다 뚫어 구불구불하게 꿥니다.

육수에 양념장과 어묵을 넣고 숟가락으로 국물을 끼얹어 가며 중간 불에서 15분간 끓입니다. 대파를 송송 썰어 올린 뒤 후추를 뿌려 마무리합니다.

전자레인지 겨란찜

1인분 · 10분 미만

재료

- 달걀 2개
- 물 140ml
- 소금 1/2큰술
- 맛술 1/2큰술

팁!

겨란찜은 소금간만으로 먹기보다는 슴슴하게 간 해다가 숟가락으로 가운데를 열십자로 슥,. 갈라서는 식초 반큰술.. 간장 반큰술., 섞은 초간장을 뿌려 먹어두 산뜻하니 괜찮지요.,

오목한 그릇에 달걀을 깨트려 넣고 소금과 맛술을 넣은 뒤 포크로 잘 섞어 달걀물을 만듭니다.

달걀물에 분량의 물을 붓고 다시 포크로 위아래를 뒤집듯이 잘 섞습니다.

그릇 위에 랩을 팽팽하게 씌워서 전자레인지에 넣어 1분-30초-20초-20초-10초씩 끊어가며 돌립니다.

tip. 한 번에 오랜 시간 돌리면 중간에 끓어 넘치기 때문에 이렇게 끊어서 돌려요.

그릇을 꺼내서 흔들었을 때 달걀물 표면이 찰랑거린다 싶으면 다시 전자레인지에 넣어 1분간 잔열로 마저 익힌 뒤 꺼내 랩을 벗깁니다.

곁/들/임/찬
구운 순대

곁/들/임/술

서울의 밤 25도 | 375ml | 7,500원대 | 대형마트에서 구입

황매실로 만든 매실 증류주입니다. 달달하면서도 과하지 않은 과실향이 스윽 올라오는데 맛은 또 그렇게 달지도 않구 깨끗하지요. 소주처럼 쭉쭉 넘기기엔 도수가 센 편이라 얼음 두어 개 동동 띄워 홀짝이는 걸 좋아합니다.

"고추장짜글이에 쏘맥 말아 놔."
아주 재밌게 본 드라마에 이런 대사가 나오더라구요, .
자박자박 끓는 고추장짜글이 앞에 두고
짜르르.. 시원한 쏘맥을 한 잔 타악..

고추장짜글이, 양푼비빔밥, 감자전

담아 둔 이야기들 하나둘 풀다 보면 슬슬 속이 허하거든요..
양재기에다 상추 콩나물 넣구 밥 한술 비벼다가 크게 한입..
술 들어간 뒤에 먹는 밥은 왜 그렇게 맛이 좋은지요..

고추장짜글이

2 인분 40 분

재료

- ◎ 돼지고기 앞다리살 200g
- ◎ 감자 1개
- ◎ 양파 1/2개
- ◎ 애호박 1/2개
- ◎ 두부 1/4모
- ◎ 청양고추 2개
- ◎ 대파 1대
- ◎ 다진 마늘 1큰술
- ◎ 고추장 3큰술
- ◎ 된장 1/2큰술
- ◎ 카놀라유 3큰술
- ◎ 물 600ml
- ◎ 간장 1/2큰술
- ◎ 설탕 2큰술
- ◎ 고춧가루 2큰술
- ◎ 후추 약간

팁!

짜글이는 찌개보다 물이 적구 걸쭈욱하게 끓여야 맛나더라구요., 밥에다 한 숟갈씩 얹어 먹어도 좋구 강된장처럼 채소 좀 곁들여다 비빔밥을 해도 좋구요 ..

감자와 양파는 3~4cm 크기로 넓적하게, 애호박은 반달 모양으로 썹니다.

청양고추와 대파는 어슷하게 썰고, 두부와 돼지고기는 한입 크기로 썹니다.

냄비에 카놀라유와 고추장, 고춧가루, 대파를 넣고 숟가락으로 개어 가며 약한 불에서 3~5분간 볶습니다.

고추장 끓는 냄새가 고소하게 올라오면 돼지고기와 감자, 양파, 애호박을 넣어 가볍게 볶습니다.

분량의 물을 붓고 센 불에 올려 끓기 시작하면 두부와 된장, 간장, 설탕, 청양고추, 다진 마늘, 후추를 넣습니다.

중간 불에서 20분간 자박하게 끓입니다.

양푼비빔밥

1 인분 · 10 분 미만

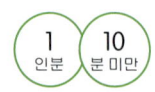

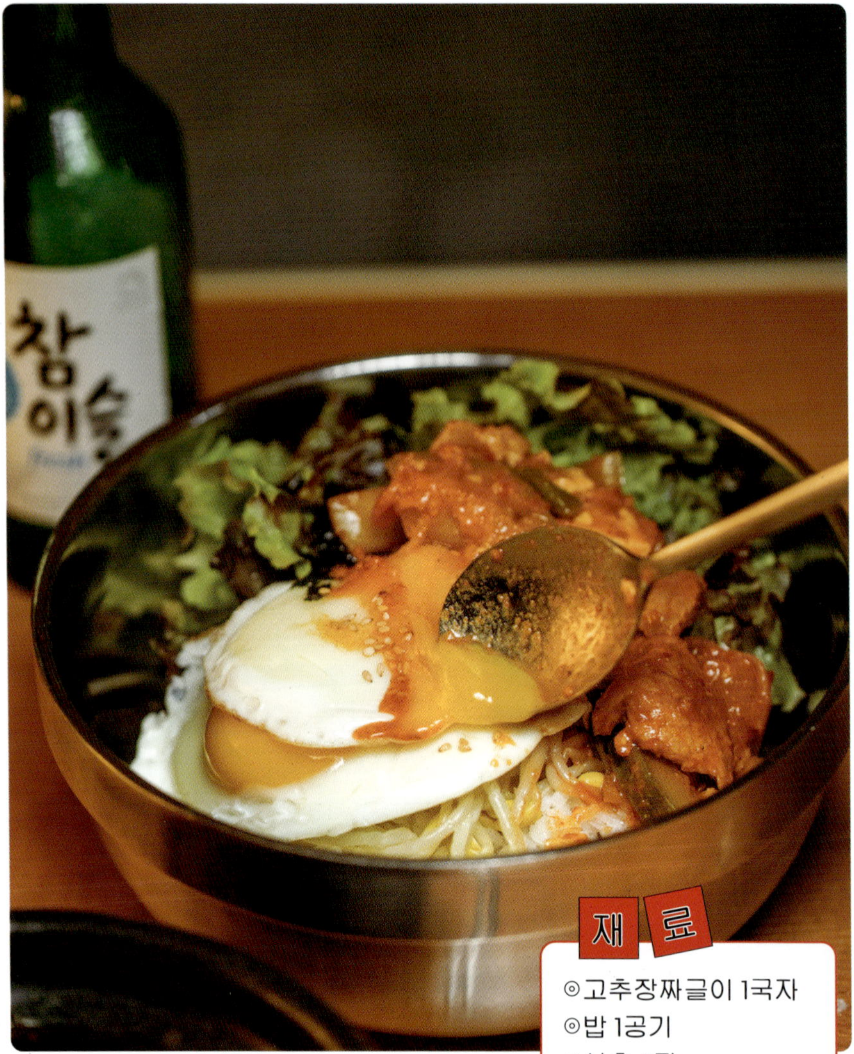

재료

- ◎고추장짜글이 1국자
- ◎밥 1공기
- ◎상추 5장
- ◎콩나물 100g
- ◎달걀 2개
- ◎참기름 1큰술
- ◎카놀라유 적당량
- ◎소금 1/2큰술
- ◎조미김 1팩

① 콩나물은 흐르는 물에 씻고 끓는 물에 소금을 넣어 3분간 데친 뒤 찬물에 헹구고 체에 밭쳐 물기를 뺍니다.

② 달군 팬에 카놀라유를 두르고 달걀을 깨트려 넣어 달걀프라이를 합니다.

③ 양푼에 밥과 데친 콩나물, 달걀프라이를 담고 상추와 조미김을 손으로 찢어 올립니다.

④ 참기름을 두르고 고추장짜글이를 곁들여 비벼 먹습니다.

감자전

2 인분 · 20분

재료

- 감자 2개
- 양파 1/4개
- 카놀라유 적당량
- 부침가루 1큰술 (감자전분으로 대체 가능)
- 소금 2꼬집

[초간장]
- 간장 1큰술
- 식초 1/2큰술
- 청양고추 1/2개

곁/들/임/찬

오이, 풋고추, 된장

곁/들/임/술

소맥

힘든 날일수록 소맥 한 잔 착 말아다 쭉 들이키는 생각이 간절합니다. 배부르니까 소맥 한 잔씩만 하고 소주로 갈까? 그런 얘기도 종종 하게 되지요. 글라스에 소주 한 잔 쪼로록 맥주를 로고 윗부분까지 딱. 젓가락으로 탕탕. 답답하던 속이 뻥 뚫립니다. 소주와 맥주는 1:3이 황금비율이라지만 법으로 정해진 것도 아니고,.. 1:1, 2:1 입맛대로 마시는 게 최고입니다.

감자와 양파는 껍질을 벗겨 준비합니다.

강판 혹은 믹서기에 감자와 양파를 곱게 간 뒤 체에 밭치고 숟가락으로 꾹꾹 눌러 남아 있는 물기를 뺍니다.

볼에 꾸덕해진 감자 반죽을 옮겨 담고 부침가루와 소금을 넣어 가볍게 섞습니다. 중간 불로 달군 팬에 카놀라유를 넉넉히 붓고 반죽을 넓게 폅니다.

바닥이 바삭하게 익기 시작하면 뒤집고 카놀라유를 약간 더 넣은 뒤 뒤집개로 꾹꾹 눌러가며 중약불에서 충분히 지집니다.
tip. 이때 가운데 부분까지 기름이 돌 수 있게 팬을 살살 흔들어 줍니다.

작은 볼에 쫑쫑 다진 청양고추와 간장, 식초를 넣고 잘 섞어 초간장을 만들어 곁들입니다.

팁!

감자전에 부침가루가 들어가면 바삭하니 보드랍게., 감자전분이 들어가면은 쫀득쫀득하게 되니까는 입맛 따라 맞춰 주세요.. 양파가 달착지근함을 더해 줘서 별다른 것 없이 소금 밑간만 약간 해도 충분합니다..

세상에 당연한 것 하나 없다지만
누군가에게는 당연한 사람이 되어 주고픈 때도 있지요.,
흰쌀밥에 고기 두둑한 김치찌개 한 사발..

김치찌개, 겨란말이

울퉁불퉁한 겨란말이에 쏘세지 구워 놓고
내가 네 편이라 말해 주고픈 날입니다..
된장 반 큰술 넣어 주면은 마음 편한 맛이 나거든요,.

김치찌개

2 인분 · 60 분

팁!

김치찌개는 푹 익은
김치로 끓여야 맛있다지만
쉽지 않지요., 덜 익은
김치라면은 식초 1큰술로
새콤함을 더해 주세요..
푹 끓인 찌개가
식는 과정에서 맛이
깊어지니까는 다음 날이 더
맛있어지기도 하구요..

재료

- 돼지고기 300g
  (삼겹살, 목살, 앞다리살 등 기름 붙은 부위)
- 배추김치 1/2포기
- 두부 1/2모
- 양파 1/2개
- 대파 1대
- 청양고추 2개
- 팽이버섯 1/2봉지
- 다진 마늘 1큰술
- 김칫국물 1국자
- 된장 1/2큰술
- 들기름 1큰술
- 카놀라유 1큰술
- 물 1L
- 멸치액젓 2큰술
- 고춧가루 2큰술
- 설탕 1큰술
- 소금 약간

양파는 슬라이스하고 대파, 청양고추는 어슷하게 썹니다.

팽이버섯은 먹기 좋게 결대로 찢고 두부는 넓적하게 썹니다.

돼지고기와 김치는 한입 크기로 썹니다.

냄비에 들기름과 카놀라유를 두르고 김치를 넣어 중간 불에서 5분간 볶습니다.

냄비에 돼지고기와 두부, 양파, 대파, 청양고추, 다진 마늘, 김칫국물, 된장, 멸치액젓, 고춧가루, 설탕을 넣어 센 불에서 10분간 끓입니다.

분량의 물을 붓고 중간 불로 줄여 30분간 푹 끓입니다. 소금으로 간을 맞추고 먹기 직전 팽이버섯을 얹어 5분간 더 끓입니다.

계란말이

2 인분 | 15 분

재 료

- 달걀 4개
- 양파 1/4개
- 당근 1cm
- 대파 5cm
- 카놀라유 약간
- 물 50ml
- 맛술 1작은술
- 소금 3꼬집
- 후추 약간

곁/들/임/찬
분홍소시지 부침, 흰쌀밥

팁!
계란말이는 굳기 전에 휘휘 저어주면 폭신하니 보드라와집니다., 느긋한 마음으로 약불에다 뭉근히 익혀야 예쁜 노란색이 나옵니다..

곁/들/임/술

좋은데이 16.5도 | 360ml | 1,300원대

이전에 좋은데이1929라는 소주를 일 년 내리 즐겨 마셨습니다. 언젠가부터 보이지를 않더라니 기존의 좋은데이가 딱 그때 그 깔끔한 맛이 되었더라구요. 과당 제로를 내세운 만큼 소주 마신 뒤에 남는 단맛 없이 뒷마무리가 아주 깨끗합니다. 기름지게 구운 고기보다는 탕이나 슴슴한 안주와 잘 맞지요.

① 양파와 당근, 대파는 아주 잘게 다집니다.

②③ 볼에 달걀을 깨트려 넣고 젓가락으로 잘 풀어 달걀물을 만듭니다. 달걀물에 분량의 물과 다진 채소, 맛술, 소금, 후추를 넣고 잘 섞습니다.

④⑤ 약한 불로 달군 팬에 카놀라유를 두르고 달걀물의 1/3을 붓습니다.
익어서 굳기 전에 나무젓가락으로 천천히 휘저어 뭉글뭉글하게 만듭니다.

⑥ 팬 바깥쪽부터 살살 말아 줍니다.

⑦ 끝까지 말아 준 달걀말이를 다시 팬 바깥쪽으로 밀어 둡니다.

⑧ 팬의 빈 곳에 다시 남은 달걀물의 절반을 붓고 천천히 말아 주는 과정을 두 번 반복합니다.

148p
배 추 홍 합 술 찜 · 순 두 부 튀 김

154p
20분 카레 · 양배추 간단절임 · 단무지무침

160p
애 호 박 새 우 젓 국 · 단 호 박 조 림

166p
자투리 채소죽 · 쑥갓두부무침 · 느타리나물

174p
알배추된장국 · 소고기고추장 · 나물비빔밥

184p
콩 나 물 밥 · 겨 란 국 · 달 래 장

홍합을 그냥 탕으로만 끓여 먹자니 영 심심할 때가 있습니다,.
향긋하게 마늘 고추 기름 내서는 불맛 나게 볶은 배추에 홍합까지 달달달..
만드는 동안 집 안에 꽉 차는 마늘 냄새가
침부터 고이게 만들지요.,

배추홍합술찜, 순두부튀김

오동통한 홍합살도 한입 달큰한 배추도 한입,.
시원한 국물맛이 또 기가 막히거든요..
남은 국물에 면사리를 말아도 맛나지요 ,..

배추홍합술찜

1 인분 / 20 분

재료

- ◎ 배추 5~6장
- ◎ 홍합 500g
- ◎ 마늘 5알
  (다진 마늘 1큰술로 대체 가능)
- ◎ 말린 베트남고추 4개
  (페퍼론치노로 대체 가능)
- ◎ 대파 2cm
- ◎ 올리브유 4큰술
- ◎ 치킨스톡 1큰술
- ◎ 물 200ml
- ◎ 맛소금 약간
- ◎ 통후추 약간
- ◎ 화요 소주잔으로 1잔

팁!

탕으로도 찜으로도 참 손쉽고 맛난 음식입니다.. 국물안주를 하려면은 물을 한 컵 정도 더 넉넉히 붓고 맛소금으루 모자란 간을 맞춰 주시면 됩니다., 레시피대로는 자박한 찜요리라 남은 국물에 촉촉하게 면 볶기 좋구요., 화요가 들어가야 향이 확 살아나면서 좋지만은 청하나 다른 정종류를 쓰셔두 괜찮어요..화이트 와인으로 대신하면 서양식 맛이 됩니다..

홍합은 수염을 제거하고 찬물에 바락바락 씻어 두어 번 헹군 뒤 체에 밭쳐 물기를 빼 둡니다.

배추는 겹쳐서 세로로 반 자르고 4cm 길이로 네모나게 썹니다.
마늘은 편 썰고, 대파는 송송 썹니다.

냄비에 올리브유와 마늘, 말린 베트남고추를 넣고 아주 약한 불에 올립니다.

5분 정도 지나 마늘 향이 올라오기 시작하면 배추를 넣고 센 불에서 배추가 살짝 익을 때까지 볶습니다.

홍합과 분량의 물, 치킨스톡, 화요를 넣고 뚜껑을 덮어 5~6분간 끓입니다.
홍합 입이 벌어지면 맛소금으로 부족한 간을 맞춥니다.

통후추를 갈아 넣고 대파를 뿌립니다.

순두부튀김

1 인분 15분

재료

- ◎ 순두부 1/2봉
- ◎ 참소스 3큰술
- ◎ 감자전분 2큰술
- ◎ 대파 1/2대
- ◎ 가쓰오부시 1줌
- ◎ 카놀라유 적당량

팁!

반 봉다리씩 꼭 남게 되는 순두부는 봉지째로 머그컵에 터억.,
뒤집어 냉장고에 넣어 두면은 자연스럽게 물기가 빠져서는
요긴히 쓰이지요..,. 바삭쫀독 튀김옷에 탱글한 순두부가 아주 맛이
좋아요.. 고깃집엘 가면 앞접시에 양파가 담가져 나오는 그 새콤한
간장쏘스가 바로 참소스입니다.. 쏘스를 끼얹어 먹는 음식이라 식은
뒤에 먹어도 촉촉하니 쫀독쫀독 맛납니다,..

① ②

③

순두부는 4cm 두께로 잘라 체에 밭쳐 물기를 뺍니다.
감자전분이 담긴 볼에 순두부를 넣고 굴려 모든 면에 골고루 묻힙니다.

대파는 송송 썹니다.

④ ⑤

팬에 카놀라유를 넉넉히 두르고 약한 불에서 달군 뒤 순두부를 올려 바삭하게 지지듯 약한 불을 유지하며 튀깁니다.
tip. 팬에 닿아 있는 밑면을 젓가락으로 건드렸을 때 단단하면 뒤집개 2개로 조심스럽게 뒤집습니다.

접시에 튀긴 순두부를 담고 참소스를 끼얹습니다. 먹기 직전 가쓰오부시와 대파를 올립니다.

곁/들/임/찬

새콤한 절임(산고추, 오복채 등)

곁/들/임/술

화요25 25도 | 375ml | 12,000원대

향이 아주 좋은 소주입니다. 술집에서는 토닉워터에 레몬으로 화요토닉을 많이 팔더라구요. 추운 날은 따끈한 물에 타 마시면은 깊은 향이 쑤욱 올라오는 게 좋지요. 술찜 요리에 정종, 와인 대신 화요 한 잔 탁 털어 넣구 남은 술은 입으로 한 잔 탁.. 궁합이 딱입니다.

20분 카레,

한 냄비 그득하게 끓여야 맛난 음식이 있기 마련이지요..
감자 당근 양파 넣어 포옥., 끓여다가 사흘 내리 먹는 카레도
맛나지만은 불 앞에 오래 있기 버거운 여름철에, 간단히 카레 한 그릇
하고 싶을 적에.,.

양배추 간단절임, 단무지무침

오래 익힐 재료가 없으니 20분 정도로 땡 끝나는 카레입니다..
참을성 있게 양파만 달달달 볶아 주면은
깊은 맛이 더해지거든요,..
새콤한 절임 반찬과 맥주 한 잔으로 완벽해지지요,.

20분 카레

2인분 / 20분

재료

- 제육볶음용 얇은 돼지고기 앞·뒷다리살 200g
- 양파 2개
- 대파 흰 부분 2대
- 카놀라유 2큰술
- 물 600ml
- 카레가루 100g (고체형 2~3블럭으로 대체 가능)
- 고춧가루 1큰술
- 후추 약간

시간을 조금 더 들여다가 양파를 아주 녹진녹진하게 볶으면은 달큰한 맛이 살아나면서 깊은 맛이 납니다., 바쁠 때는 양파 먼저 전자레인지에 익힌 뒤에 볶아 주는 것도 방법이지요..
건더기가 얼마 없는 만큼 돈까스 새우튀김같이 볼륨 있는 음식을 곁들여두 좋겠어요.,

양파는 0.3mm 두께로 가늘게 슬라이스합니다. 대파는 세로로 반을 길게 자른 뒤 잘게 다집니다.

코팅된 냄비에 카놀라유를 두르고 양파와 대파를 넣어 눌어붙지 않게 잘 섞으며 중간 불에서 10분간 볶습니다. 양파가 연갈색으로 익으면 고춧가루를 넣고 3분간 더 볶습니다.

돼지고기와 후추를 넣고 센 불에서 잠깐 볶습니다.

돼지고기가 익어 흰색이 돌면 물을 붓고 센 불에서 끓입니다.

팔팔 끓기 시작하면 약한 불로 줄이고 카레가루를 조금씩 풀어 가며 넣습니다.

중간 불로 올려 카레가 걸쭉해질 때까지 5분간 끓입니다.

양배추 간단절임

2 인분 | 10 분 미만

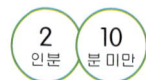

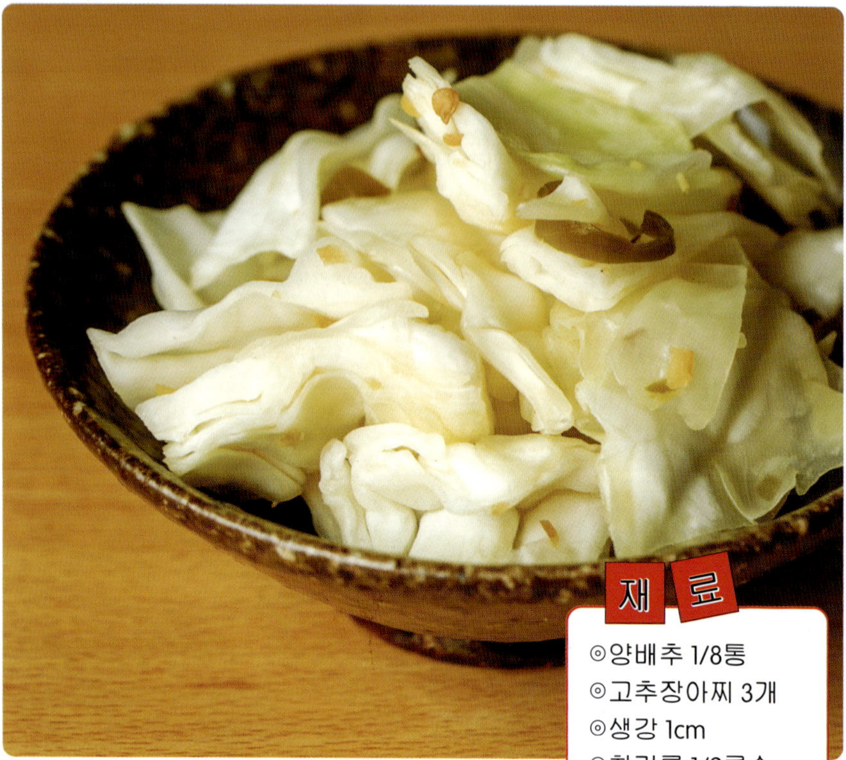

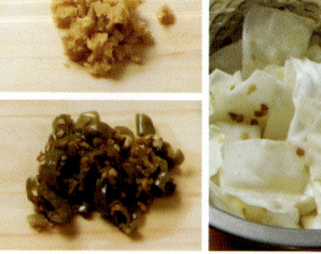

재료

◎양배추 1/8통
◎고추장아찌 3개
◎생강 1cm
◎참기름 1/2큰술

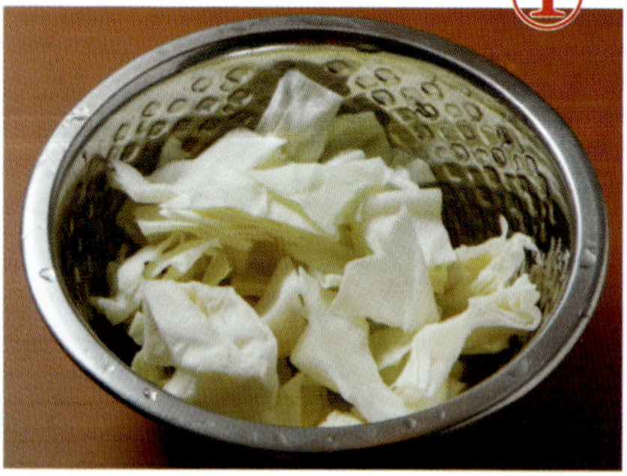

① 양배추는 3~4cm 길이로 먹기 좋게 칼로 뚝뚝 자릅니다.

② 고추장아찌는 간장을 털어낸 뒤 잘게 다지고, 생강은 칼 옆면으로 한 번 꾹 눌러 으깬 뒤 아주 곱게 다집니다.

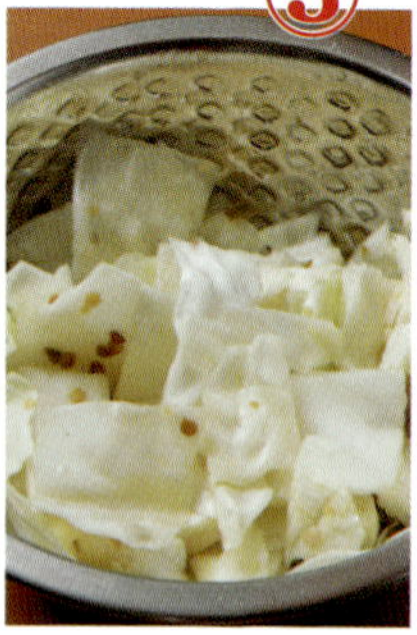

③ 볼에 양배추와 고추장아찌, 생강, 참기름을 넣고 손으로 바락바락 주무릅니다. 5분간 그대로 두었다가 먹습니다.

단무지무침

2인분 | 10분 미만

볼에 단무지와 다진 쪽파, 참기름, 고춧가루, 통깨를 넣고 손으로 가볍게 무칩니다.

재료

- 단무지 100g
- 쪽파 2줄기
  (대파 5cm로 대체 가능)
- 참기름 1/2큰술
- 고춧가루 1작은술
- 통깨 약간

곁/들/임/찬

반숙 달걀, 새큼한 해초무침

곁/들/임/술

칼스버그 5도 | 500ml | 3,800원대

카레의 짝꿍은 맥주라고들 하듯.. 향신료가 듬뿍 들어간 음식이니만큼 복잡한 향 없이 시원하게 쭉 들이킬 수 있는 쪽이 좋지요. 칼스버그는 탄산이 강하고 적당한 쓴맛이 깔끔하게 목을 축여 주니 주인공인 카레를 뒷받침해 주는 역할로 딱이구요. 여름날 이마에 땀 맺히도록 매운 카레에 시원한 맥주 한 캔이면 천국이지요..

달달하고 포근한 호박을 참 좋아합니다..
애호박 단호박 늙은호박..
둥그스름하게 생긴 호박들은
맛도 둥글둥글 어디에나 잘 어울리는 신기한 놈들이지요,.

애호박새우젓국, 단호박조림

짭쪼롬하고 든든한 젓국에는 애호박을 풍덩.,
이름처럼 달콤한 단호박은 보드랍게 조려 볼까요.,.
모났던 마음도 포근하게 누그러지는 맛입니다..

애호박새우젓국

2인분 | 25분

재료

- 앞다리살, 목살 등 기름 붙은 돼지고기 200g
- 애호박 1개
- 양파 1/2개
- 청양고추 1개
- 두부 1/2모
- 다진 마늘 1큰술
- 새우젓 2+1/2큰술
- 물 800ml
- 후추 약간

애호박은 세로로 길게 한 번 자른 뒤 반달 모양으로 썹니다.

돼지고기는 한입 크기로 썹니다.

양파와 두부는 한입 크기로 썰고, 청양고추는 어슷하게 썹니다.

냄비에 모든 재료를 넣고 센 불에서 5분, 약한 불에서 10분간 애호박이 충분히 부드러워질 때까지 끓입니다.

접시에 담고 후추를 가볍게 한 번 더 톡 뿌려 마무리합니다.

단호박조림

2 인분 | 30 분

곁/들/임/찬
건가지나물, 백김치

곁/들/임/술

재 료
- 단호박 1/2통
- 국간장 1큰술
- 설탕 1/2큰술

15년 숙성 매취순 16도 | 375ml | 9,000원대
매실주는 주스처럼 달게 나오는 술이 많지요. 달콤함보다 깊고 쌉쌀한 맛이 강한 매실주입니다. 집에서 만든 담금주처럼 은은한 단맛과 숙성된 매실향이 일품이라, 봄 여름에 밤공기 맡으며 차분하게 마시기 좋은 술입니다.

팁!

단호박조림은 식으면서 국물을 빨아들이게 되거든요., 국물이 두 숟가락 정도 남았을 때가 딱 끝낼 때입니다.. 심심한 듯 은은하게 간을 맞추면은 달콤 짭쪼름한 맛 뒤로 단호박의 고소함이 사르르 올라오지요 ..

단호박은 껍질째 흐르는 물에 깨끗하게 박박 씻고 한입 크기로 썹니다.
tip. 껍질의 지저분한 부분은 칼로 살짝 잘라 냅니다.

냄비에 단호박 껍질이 아래로 가도록 겹치지 않게 늘어 놓습니다.

단호박 표면이 찰방하게 잠길 만큼만 물을 붓습니다.

국간장과 설탕을 넣고 뚜껑을 덮어 센 불에 올립니다.

한 번 끓어오르면 바닥이 타지 않았는지 확인해 가며 중약불에서 10분간 끓입니다.
tip. 젓가락이 들어가지 않으면 물을 1/2컵 더 붓고 약한 불에서 5분 더 끓이세요.

물이 바닥에 자작하게 남아 있을 때 불을 끄고 젓가락으로 단호박을 찔러 쑥 들어가면 그대로 10분간 두었다가 먹습니다.

자투리 채소죽,

몸 아프고 입맛 없는 날에도
밥 한술은 떠야 기운이 나기 마련입니다,.
찬밥에 굴러다니는 재료 툭툭 던져 넣어서는
푸욱 한소끔 끓인 채소죽이다

쑥갓두부무침, 느타리나물

자극적이지 않구 슴슴한 반찬들을 야금야금,.
한 그릇 뚝딱 비워 내고 보니 속도 따끈하겠다
잠이 솔솔 오거든요..
푹 자고 일어나면 한결 가뿐해지지요..

자투리 채소죽

2인분 · 30분

재료
- 밥 1공기
- 자투리 채소 1컵(180g)
  (감자, 양파, 무, 버섯, 당근 등)
- 달걀 1개
- 치킨스톡 1/2작은술
  (다시다, 연두로 대체 가능)
- 참기름 약간
- 카놀라유 적당량
- 물 4컵(720ml)
- 맛소금 약간

자투리 채소는 아주 잘게 다집니다.

냄비에 카놀라유를 두르고 다진 채소를 중간 불에서 3분간 볶습니다.

밥과 분량의 물, 치킨스톡을 넣고 센 불에서 끓이다가 한 번 끓어오르면 중약불로 줄인 뒤 뚜껑을 덮어 20분간 끓입니다.
tip. 바닥이 눌어붙지 않게 중간중간 한 번씩 저어 줍니다.

밥알이 푹 퍼지고 물기가 따로 놀지 않는다면 약한 불로 줄이고 달걀을 깨트려 넣어 숟가락으로 휘저어 잘 섞은 뒤 참기름 한 방울을 뚝 떨어트립니다. 이때 부족한 간은 맛소금으로 맞춥니다.

쑥갓두부무침

2 인분 10 분 미만

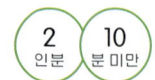

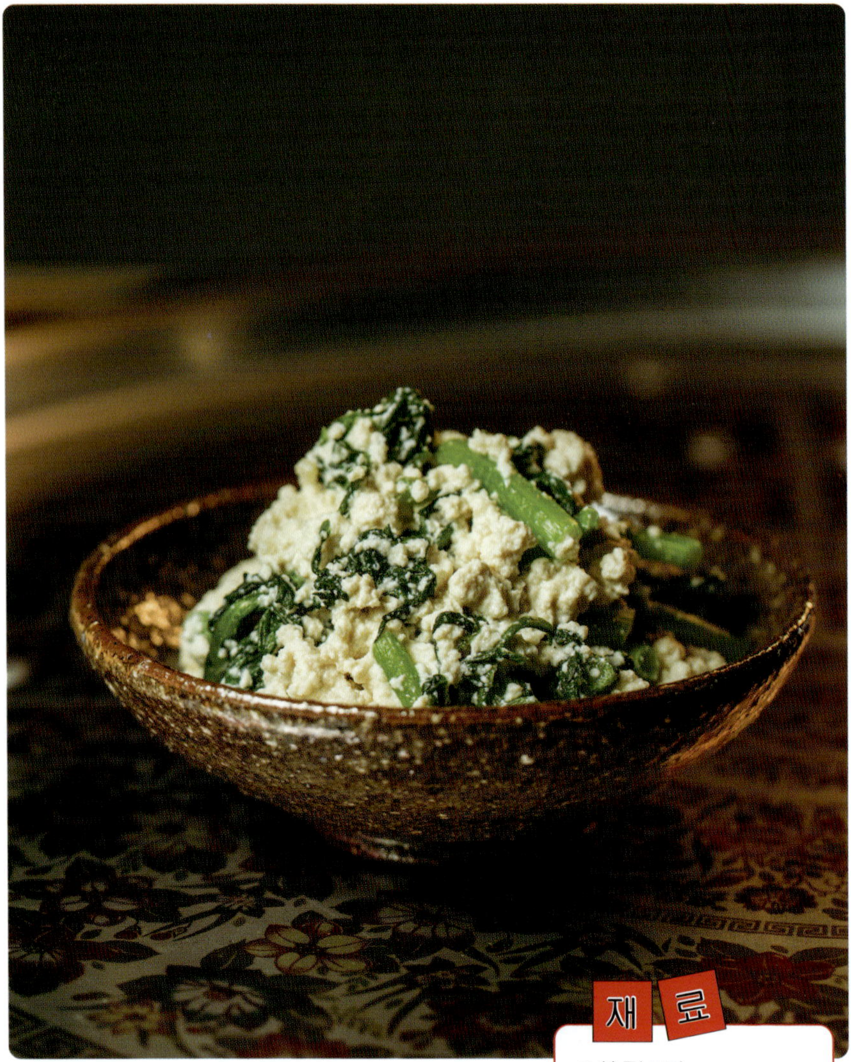

재료

◎쑥갓 1단
◎두부 1/2모
◎다진 마늘 1작은술
◎소금 1+1/2작은술

끓는 물에 소금 1/2작은술을 넣은 뒤 쑥갓의 줄기 부분을 먼저 냄비에 넣고, 20초 후 잎 부분까지 모두 담갔다가 곧바로 건져 냅니다.

데친 쑥갓은 찬물에 헹구고 체에 밭쳐 쑥갓에 남은 물기를 손으로 꼬옥 짠 뒤 4~5cm 길이로 썹니다.

볼에 두부를 담고 손으로 곱게 으깹니다.

으깬 두부에 쑥갓과 다진 마늘, 소금 1작은술을 넣고 골고루 버무립니다.

느타리나물

2인분 / 10분 미만

재 료

- ◎ 느타리버섯 1팩
- ◎ 국간장 1큰술
- ◎ 통깨 2작은술

팁!

죽에 넣는 채소는 냉장고 속에 남은 것 뭐든 쓸 수 있어요.,. 채소뿐만 아니라 한 조각 남은 쏘세지 요만큼,. 남은 참치캔, 한입거리 고기반찬.. 뭐든간에 밥이랑 같이 푸욱,. 퍼지게 끓이면 그만이거든요,.. 한 냄비 가득 끓여서는 일인분씩 얼려 두었다가 오늘 좀 아프겠다.. 싶을 때 전자레인지 돌리면 땡.. 쑥갓무침은 참기름 대신 마늘이 들어가서 아주 담백하지요., 마늘 냄새가 싫다면은 참기름과 통깨로 대신해두 좋구요,. 좀 더 부드러운 맛이 됩니다.,.

느타리버섯은 밑동의 지저분한 부분만 떼어 내고 먹기 좋게 손으로 가닥가닥 찢습니다.

끓는 물에 느타리버섯을 넣고 20초간 데친 뒤 찬물에 담가 한 김 식히고 양손으로 물기를 꼬옥 짭니다.

볼에 느타리버섯을 담고 국간장을 넣은 뒤 깨를 손바닥으로 비벼 바스러트려 넣고 조물조물 버무립니다.

곁/들/임/찬
호두과자

곁/들/임/술

보이차 위스키
따끈하다 못해 펄펄 끓는 뜨거운 물로 우려야 제맛이 난다는 보이차는 더부룩한 속에도 참 좋습니다. 우려낸 보이차 한 잔에 좋아하는 위스키 서너 방울 또로록.. 냉했던 손끝서부터 따듯하게 열이 올라오지요. 식후에 한 잔 마시면은 아, 좋다 소리가 절로 나옵니다.

알배추된장국,

날이 추워지면 알배추가 또 아주 달고 맛나거든요,.
멸치 한 줌 국물 내다가 뚝뚝 끊은 배춧잎 숭덩숭..
된장 휘휘 풀어 구수하니 달달한 배추 된장국이 땡..
이게 또 땡초 하나 넣었다구 칼칼한 것이 입맛 땡겨 주지요.,

소고기고추장, 나물비빔밥

밥 반, 나물 반 비빔밥에 추억의 소고기고추장을 터억., 슥슥삭삭 비비는 동안 솔솔 올라오는 참기름 냄새에 침부터 꿀떡 삼키게 됩니다.,

알배추된장국

2인분 / 30분

팁!
비빔밥 옆에는 꼭 된장국물이 함께 나오곤 하더라구요., 푸짐하게 담긴 비빔밥을 속속 비비다가 좀 뻑뻑한가, 싶을 적에 된장국물 두 큰술 끼얹으면 촉촉하니 먹기에도 좋지요..

재료
- 알배추 6장
- 청양고추 1개
- 국물용 멸치 10마리 (다시팩으로 대체 가능)
- 다진 마늘 1작은술
- 된장 3큰술
- 물 700ml
- 고춧가루 2꼬집

냄비에 분량의 물과 멸치를 넣고 15분간 끓여 멸치육수를 냅니다.

알배추는 밑동을 살짝 잘라내고 손으로 길게 찢습니다.

청양고추는 얇고 어슷하게 썹니다.

냄비에서 멸치를 건져내고 된장을 뭉치지 않게 잘 풀어 넣습니다.

냄비에 찢어 둔 배추와 청양고추, 다진 마늘, 고춧가루를 넣고 배추가 푹 물러지도록 10~15분간 끓입니다.

소고기고추장

4인분 · 30분

재료

- 다진 소고기 300g
- 고추장 300g
- 잣, 호두, 땅콩 등 취향의 견과류 4큰술
- 다진 마늘 2큰술
- 물엿 2큰술
- 참기름 1큰술
- 카놀라유 약간
- 후추 약간

① 견과류는 칼로 아주 잘게 다집니다.

② 중간 불로 달군 팬에 카놀라유를 두르고 다진 소고기와 후추를 넣어 보슬보슬하게 볶습니다.

③ 소고기 표면이 회갈빛으로 익으면 고추장과 견과류, 다진 마늘을 넣습니다.

④ 약한 불로 줄여 바닥이 눌어붙지 않도록 나무숟가락으로 저어가며 10분간 자글자글 끓입니다.

⑤ 물엿을 넣고 5분간 더 끓이다가 참기름을 넣고 한 번 골고루 저어 준 뒤 불을 끕니다.

팁!

소고기고추장 한 통 만들어 두면은 오이 당근 파프리카 같은 생채소 푹푹 찍어다가도 먹고.. 입맛 없을 때라도 밥 한 그릇 뚝딱 들어가게 해 주니 참 든든한 놈입니다.,

콩나물무침

2인분 · 10분 미만

재료
- 콩나물 200g
- 다진 파 1큰술
- 다진 마늘 1작은술
- 참기름 1작은술
- 고춧가루 1작은술
- 멸치액젓 1작은술
- 소금 적당량

① 콩나물은 흐르는 물에 씻고 끓는 물에 소금 1/2큰술과 함께 넣어 3분간 데친 뒤 다시 찬물에 헹구고 체에 밭쳐 물기를 뺍니다.

② 볼에 콩나물과 다진 파, 다진 마늘, 고춧가루, 액젓, 참기름을 넣고 잘 버무립니다. 이때 부족한 간은 소금 약간으로 맞춥니다.

애호박나물

2 인분 · 20분

재료

- ◎ 애호박 1개
- ◎ 양파 1/2개
- ◎ 다진 마늘 1작은술
- ◎ 새우젓 1/2큰술
- ◎ 들기름 1큰술
- ◎ 물 100ml

①

애호박은 반달 모양으로 썰고, 양파는 얇게 채 썹니다.

②

냄비에 들기름을 두르고 애호박과 양파, 다진 마늘, 새우젓을 넣고 중간 불에서 5분간 볶습니다. 분량의 물을 붓고 자작하게 졸아들 때까지 볶습니다.

당근볶음

2인분 15분

재료

◎ 당근 1/2개
◎ 양파 1/4개
◎ 카놀라유 적당량
◎ 맛소금 1/2작은술
  (연두 1작은술로 대체 가능)

① 당근은 5cm 길이로 가늘게 채 썰고, 양파도 얇게 채 썹니다.

② 팬에 카놀라유를 넉넉히 두르고 중간 불에서 당근과 맛소금을 넣고 5분간 볶다가 당근이 나긋해지면 양파를 넣고 살짝만 더 볶습니다.

나물비빔밥

넉넉한 대접에 밥과 나물을 듬뿍 담고 달걀프라이를 얹은 뒤 소고기고추장을 곁들여 비벼 먹습니다.

재료

- 달걀프라이 1개
- 밥 1공기
- 나물 적당량
- 소고기고추장 3큰술

곁/들/임/술

처음처럼 16.9도 | 360ml | 1,400원대

소주맛을 똑 부러지게 구별하지는 못하더라도 참이슬이나 처음처럼이나 하면은 이쪽에 손이 갑니다. 조금 더 부드러운 맛이라고나 할까요? 비빔밥에는 멋부린 술 말고 그냥 녹색 병의 소주가 어울리지요. 늘어날 대로 늘어나 내 몸처럼 편한 옷을 입고 숟가락질 푹푹 헤 기며 소주 한 잔 탁. 호쾌하게 먹으면 더 맛있구요..

팁!

나물 반찬이라는 게 손이 많이 가는 것처럼 보이긴 해도 막상 해 보면은 또 어려울 게 없거든요., 데쳐서 무쳐서 땡, 볶아서 땡, 물 붓고 볶아서 땡... 뭐든 익히고 간하면 땡이니 겁내지 말구 손맛을 믿어 보셔요.,,

잊을 만하면 꼭 한번씩 생각나는데도
막상 찾아 먹으려 하면 없는 음식이 있지요.,
자근자근 씹는 맛 좋은 콩나물밥이 꼭 그렇습니다..
콩나물 올려 지어 낸 밥이라면 더 좋지만은

콩나물밥, 겨란국, 달래장

휘리릭 뚝딱.. 조금 더 쉽게 가 볼까요,.
밥도 국물도 삼삼한 밥상에
향긋한 달래장 곁들이면은 호화로운 기분이지요.,

콩나물밥

2 인분 · 15 분

재료

- 콩나물 1봉(300g)
- 다진 소고기 200g
- 다진 대파 1큰술
- 카놀라유 약간
- 간장 1+1/2큰술
- 맛술 1큰술
- 소금 1/2큰술
- 후추 약간
- 밥 적당량
- 달래장(190p) 적당량

① 콩나물은 흐르는 물에 씻고 끓는 물에 소금과 함께 넣어 4~5분간 데친 뒤 체에 밭쳐 물기를 빼 둡니다.

② 중간 불로 달군 팬에 카놀라유를 두르고 다진 소고기와 간장, 맛술, 후추를 넣어 잘 섞으며 볶습니다.

tip. 뭉치지 않게 젓가락으로 풀어 가며 물기 없이 보슬보슬해질 때까지 볶아요.

③ 볼에 따끈한 밥을 담고 데친 콩나물, 볶은 소고기, 다진 대파 순으로 얹고 달래장을 끼얹어 비벼 먹습니다.

겨란국

2인분 10분 미만

재료

- 달걀 2개
- 대파 1/2대
- 다진 마늘 1작은술
- 치킨스톡 1큰술
- 물 500ml
- 후추 약간

팁! 콩나물밥 하는 김에 콩나물 데친 국물을 달걀국으로 변신시켜도 시원하니 맛있지요., 물이 팔팔팔 끓을 때 겨란물을 넣어야 몽실몽실 실타래 같은 겨란국이 됩니다.,

작은 그릇에 달걀을 깨트려 젓가락으로 가볍게 풀어 줍니다.

대파는 송송 썹니다.

냄비에 분량의 물과 대파 3/4 분량을 넣고 중간 불에서 끓어오르면 다진 마늘과 치킨스톡, 후추를 넣고 대파가 충분히 익도록 3분간 더 끓입니다.

팔팔 끓는 국물에 달걀물을 원을 그리듯 천천히 붓고 10초 뒤 젓가락으로 냄비 바닥을 가볍게 휘젓고 불을 끕니다.
tip. 이렇게 해야 달걀물이 바닥에 눌어붙지 않아요.

그릇에 담고 남겨 둔 대파 1/4 분량을 고명으로 올립니다.

달래장

2인분 · 10분 미만

재료

- ◎ 달래 1단
- ◎ 청양고추 2개
- ◎ 다진 마늘 1작은술
- ◎ 참기름 약간
- ◎ 간장 120ml
- ◎ 물 50ml
- ◎ 고춧가루 2큰술
- ◎ 설탕 1큰술
- ◎ 통깨 약간

달래는 뿌리 꽁다리에 흙덩이가 붙어 있을 수 있으니까는 손톱으로 살살 떼어 주어야 으저적,. 흙 씹을 일이 없구요.,
달래장을 바로 먹지 않고 일주일 정도 두고 먹을 생각이라면 참기름은 미리 섞지 말구 먹을 때마다 조금씩 뿌려야 쩐맛이나 쓴맛 없이 먹을 수 있습니다..

① 달래는 뿌리가 떨어지지 않도록 흐르는 물에 흙먼지를 깨끗이 씻은 뒤 4cm 길이로 뚝뚝 썹니다.

② 청양고추는 얇게 송송 썹니다.

③ 볼에 모든 재료를 넣고 잘 섞습니다.

곁/들/임/찬

새송이닭장조림, 김치, 약과

곁/들/임/술

느린마을소주21 21두 | 375ml | 1,2000원대 | 대형마트에서 구입
느린마을 막걸리로 만든 소주입니다. 청주인 듯 아닌 듯 향긋한 꽃내음을 풍기지만 살며시 머금어 보면은 단맛 없이 칼칼한 게 소주가 맞아요. 마늘, 쑥갓, 달래같이 향미채소 들어간 음식과 궁합이 아주 좋더라구요. 얼음 하나 동동 띄워 연하게 마셔도 맛이 좋지요.

194p
간단 오코노미야키 · 양배추피자 · 젓갈순두부

202p
골뱅이소면 · 골뱅이냉국

208p
마파순두부 · 중국풍 오이무침

214p
굴감바스 · 무카나페 · 버터감자

222p
족발탕 · 숙주오이초나물

간단 오코노미야키,

양배추 한 통 사 두면은 한참을 먹지요..
날 잡고 양배추 한 바가지 채 쳐서는
계란 한 알, 부침가루 찔끔 섞어 준비 땡.,
일식이 땡기는 날에는 오징어 햄 명란 맛살,.
뭐든 좋아하는 것 넣고 지져다가 오코노미야키로도 먹고,.

양배추피자, 젓갈순두부

양식이 땡기는 날에는 피망 쏘세지 올리브 ..
치즈까지 한 움큼 올려 구우면 양배추 피자도 되구요..
폭신폭신 양배추가 듬뿍이라
속이 더부룩하지 않고 소화도 잘됩니다,..

간단 오코노미야키

1 인분 / 20 분

재 료

- ◎ 소시지, 맛살, 치즈, 대파 1줌씩
  (넣고 싶은 재료 자유롭게)
- ◎ 돈까스 소스 2큰술
- ◎ 마요네즈 1큰술
- ◎ 가쓰오부시 1줌
- ◎ 카놀라유 약간

[반죽]
- ◎ 양배추 1/4통
- ◎ 달걀 1개
- ◎ 다진 마늘 1큰술
- ◎ 부침가루 2큰술
- ◎ 소금 1꼬집

팁!

양배추가 양이 많아 보여도 숨이 죽으면은 딱 한두 장밖에 나오질 않어요., 밑작업만 해 두면은 피자든 오코노미야키든 냉장고 속 굴러다니는 재료 넣어다 굽기만 하면 땡이라 애매하게 남은 반찬거리 정리하기에두 딱 좋습니다.. 포옥 익으면서 양배추 물기가 배어 나오니까는 따로 물을 넣지 않아두 촉촉하지요.,

양배추는 가늘게 채 썹니다.

넓고 깊은 통에 채 썬 양배추와 다진 마늘, 부침가루, 소금을 넣고 달걀을 깨트려 넣은 뒤 젓가락으로 살살 버무립니다.

소시지, 맛살, 치즈, 대파 등 좋아하는 재료를 잘게 썹니다.

②의 양배추 반죽에 썰어 둔 재료를 넣고 젓가락으로 한 번 더 버무립니다.

달군 팬에 카놀라유를 넉넉히 두르고 양배추 반죽을 5cm 두께로 소복하게 올려 중간 불에서 노릇하게 굽습니다.

tip. 살짝 들었을 때 아랫면이 단단해지면 뒤집고, 윗면을 꾹꾹 눌러 가며 구우세요.

접시에 옮겨 담고 돈까스 소스와 마요네즈를 윗면에 골고루 바른 뒤 마무리로 가쓰오부시를 올립니다.

양배추피자

1 인분 / 30분

재료

- 소시지 1개
- 피망 1/3개
- 양파 1/4개
- 다진 마늘 1작은술
- 피자 치즈 1컵
- 파스타용 토마토 소스 또는 케첩 3큰술
- 카놀라유 약간

[반죽]
- 양배추 1/4통
- 다진 마늘 1큰술
- 부침가루 2큰술
- 달걀 1개
- 소금 1꼬집

양배추는 가늘게 채 썹니다.
넓고 깊은 통에 채 썬 양배추와 다진 마늘, 부침가루, 소금을 넣고 달걀을 깨트려 넣은 뒤 젓가락으로 살살 버무립니다.

달군 팬에 카놀라유를 넉넉히 두르고 양배추 반죽을 5cm 두께로 소복하게 올려 중간 불에서 노릇하게 굽습니다.
tip. 살짝 들었을 때 아랫면이 단단해지면 뒤집고, 윗면을 꾹꾹 눌러 가며 구우세요.

소시지와 양파는 얇게 슬라이스하고 피망은 사방 2cm 길이의 사각형으로 썹니다.

종이 호일에 구운 반죽을 얹습니다.
토마토 소스를 반죽 윗면에 펴바릅니다.

소스 위로 썰어 둔 소시지와 양파, 피망을 올립니다. 피자 치즈를 윗면에 빈 부분 없이 잘 채워 얹습니다.

에어프라이어나 오븐에 넣어 치즈가 녹을 때까지 180도에서 10분간 굽습니다.

젓갈순두부

1인분 / 10분 미만

재 료

◎ 순두부 1/2봉
◎ 젓갈 1큰술
 (오징어젓, 창란젓 등)
◎ 청양고추 1/2개
◎ 다진 마늘 1/2작은술
◎ 참기름 약간

곁/들/임/술

제임슨 하이볼(약 12.5도) 제임슨 위스키 40도 | 700ml | 30,000원대 | 대형마트에서 구입

손이 얼어붙는 추운 날, 새큼한 하이볼 한 잔 하면은 짜르르르.. 후끈후끈 열이 몸에 스며들지요. 얼음 꽉 채운 잔에 제임슨 위스키를 쪼로록, 달지 않은 탄산수(혹은 토닉워터)를 조심스레 꼴꼴꼴.. 레몬즙 힘차게 쭉 짜 넣고 한번 휘릭 섞어 주면 땡. 이렇게 해야 탄산이 빠져나가지 않는다나요? 위스키와 탄산수의 비율은 1:4라지만 입맛 따라 섞어 마시는 게 제일이지요.

순두부는 봉지 겉면을 깨끗하게 닦은 뒤 껍질째 칼로 반 잘라 비닐을 벗기고 다시 반으로 자릅니다.

tip. 포장된 순두부를 씻는 이유는 그대로 도마 위에 올려 썰기 때문이에요.

젓갈은 가위로 잘게 자릅니다.

청양고추는 잘게 다집니다.

볼에 젓갈과 다진 마늘, 다진 청양고추를 넣고 버무립니다.

순두부 위에 젓갈을 반씩 올리고 참기름을 한두 방울 떨어트립니다.

곁/들/임/찬

초생강, 과일

무더운 여름밤이면 꼭 생각나는 안주가 있지요.,
접시 한가득 아사삭 양파 오이에 쫄깃한 골뱅이,
소면 라면 쫄면 찰지게 삶아다가 돌돌 말아 두고
뒷골 띵하니 시원한 쏘맥부터 쭈욱.,

골뱅이소면, 골뱅이냉국

매콤새콤 골뱅이 소면을 한입 후루룩..
달착지근한 골뱅이 국물도 한술 호록,. 소주 한잔을 탁..
찔찔 흐르던 땀도 쏘옥 들어갑니다.,

골뱅이소면

2인분 / 25분

재료

- 유동 골뱅이 1캔
- 양배추 1/8통
- 양파 1/2개
- 오이 1/2개
- 당근 1/4개
- 청양고추 2개
- 깻잎 5장
- 소면 100g

[양념장]
- 고추장 2큰술
- 고춧가루 4큰술
- 다진 마늘 2큰술
- 식초 4큰술
- 설탕 2큰술
- 물엿 1큰술
- 참기름 약간
- 통깨 약간

① 채소들은 모두 가늘게 채 썹니다.

② 골뱅이는 국물을 따라 내고 3등분해 자릅니다.

③ 볼에 양념장 재료를 모두 넣고 잘 섞습니다.

④ 냄비에 물을 가득 끓여 소면을 넣고 바글바글 끓어오르면 찬물 1/2컵을 붓습니다. 이 과정을 반복하다 세 번째 끓어올랐을 때 불을 끄고 체에 밭쳐 찬물로 박박 헹궈 전분기를 제거한 뒤 물기를 뺍니다.

⑤ 넉넉한 볼에 손질한 채소와 골뱅이, 양념장을 모두 넣고 버무립니다.

⑥ 접시에 골뱅이무침을 옮겨 담고 소면을 손으로 동그랗게 말아 곁들입니다.

골뱅이냉국

2인분 | 10분 미만

재료

- 유동 골뱅이 1캔
- 대파 1줄기
- 고춧가루 1큰술
- 통깨 약간

곁/들/임/술

바다한잔 동해소주 17.5도 | 360ml | 2,600원대

이름처럼 맑고 깨끗한 강원도의 소주입니다. 속초 여행을 갔다가 알게 된 이후로는 박스로다가 주문해서 마시고 있지요. 탁 쏘는 맛 없이 물처럼 술처럼 술술 넘어가는 게.. 다른 소주에 비해 도수가 약간 높은데도 오히려 덜하게 느껴질 만큼 몸에도, 입에도 순하게 스며듭니다. 다섯 병을 마셨는데도 숙취가 없더라구요.

① 골뱅이 캔 국물은 따로 두고 골뱅이만 건져 내 한입에 먹기 좋게 반으로 썹니다.

② 대파는 송송 썹니다.

③ 우묵한 그릇에 썰어 둔 골뱅이를 담고 국물을 부은 뒤 대파와 고춧가루, 통깨를 순서대로 뿌립니다.

곁/들/임/찬

팽이버섯전, 치즈김말이

팁!

골뱅이소면에 넣는 채소는 생으로 먹을 수 있는 것이라면 뭐든 좋습니다., 양배추와 당근만 잊지 말구 꼬옥 넣어 주세요.. 아작아작 씹는 맛이 좋거든요.. 골뱅이냉국용 골뱅이는 반나절 전에 시원하게 냉장 보관해 주세요., 얼음 같은 것 넣으면은 밍밍해져서 영 별로입니다..

온종일 비만 오고 쌀쌀한 날은
뜨끈뜨끈 얼얼한 마파두부가 제격입니다..
순두부 한 봉다리에 마파두부 쏘스 한 봉다리.,
양파 마늘쫑 쫑쫑 썰어 한소끔 끓여 주면 땡.,

마파순두부, 중국풍 오이무침

두부로 만든 것보다 모양새는 좀 덜할지라도
순하고 부드럽게 넘어가는 맛이 있지요.,
한 그릇씩 터억 붙잡고 퍽퍽 퍼먹기도 좋구요.,
얼얼해진 입에 새콤한 오이무침이 입가심으로 딱입니다..

마파순두부

1인분 / 15분

재료

- 순두부 1봉
- 오뚜기 마파두부 소스 1봉
- 마늘종 2줄
- 다진 돼지고기 100g
- 다진 마늘 1/2큰술
- 카놀라유 적당량
- 물 2큰술
- 산초가루 약간

팁! 마파순두부는 국물이 너무 없나.. 싶다가두 또 잠깐 끓이다 보면은 순두부서 물이 함빡 배어 나옵니다,. 쏘스에 두부만 넣어 끓여도 맛나지만은 다진 고기에 마늘쫑이 씹는 맛을 더해 주지요,..

순두부는 비닐 포장째 깨끗하게 씻은 뒤 반으로 잘라 꺼내어 4등분합니다.

tip. 포장된 순두부를 씻는 이유는 그대로 도마 위에 올려 썰기 때문이에요.

달군 팬에 카놀라유를 살짝 두르고 다진 돼지고기, 다진 마늘을 넣어 잘잘하게 흐트려가며 고기가 단단하게 익을 때까지 볶습니다.

마파 소스와 순두부, 분량의 물을 넣고 순두부가 바스러지지 않게 숭덩숭덩 섞어가며 5분간 중간 불에서 끓입니다.

마늘종을 5mm 길이로 쫑쫑 다져 올립니다.

접시에 담고 취향껏 산초가루를 뿌립니다.

중국풍 오이무침

2 인분 | 20 분

재 료

- ⊙ 오이 1개
- ⊙ 마늘 2알
- ⊙ 말린 베트남 고추 2개
- ⊙ 생강 1cm
- ⊙ 참기름 약간
- ⊙ 식초 1큰술
- ⊙ 소금 1작은술
- ⊙ 설탕 1/2작은술

곁/들/임/술

금문고량주 58도 | 750ml | 90,000원대 | 대형마트에서 구입
첫 만남부터 사랑에 빠진 대만의 고량주입니다. 포근한 곡물향에다 입에 아주 순하지만 목으로 넘어가면 배 속까지 따끈해지는 게 그렇게 행복할 수가 없어요. 연태고량의 과일향이 낯설다면 추천할 만하지요. 얼큰한 탕, 기름진 육류나 튀김을 끝없이 먹게 해 주는 술입니다.

①
오이는 통째로 골고루 굴려 가며 칼 손잡이 뒷부분으로 한 번씩 쿵쿵 찧어 줍니다.

②
오이는 양쪽 끝을 잘라내고 가로로 4등분한 뒤 세로로도 4등분해 먹기 좋은 크기로 자릅니다.

③
볼에 오이를 담고 소금 1/2작은술을 뿌려 뒤적인 뒤 10분간 재워 둡니다.

④
마늘은 칼 옆면으로 짓뭉개듯이 으깬 뒤 가볍게 다지고, 생강도 잘게 다집니다.

⑤
절인 오이에 마늘과 생강, 식초, 소금 1/2작은술, 설탕, 참기름을 넣고 베트남고추를 손으로 잘게 부숴 넣어 골고루 버무립니다.

곁/들/임/찬
냉동 닭튀김

팁!
오이를 찧을 때는 홍두깨나 밥그릇 궁댕이든 뭐든 좋습니다.. 팍팍 힘줘서 두들겨야 곤죽처럼 으깨지지를 않아요..

뭐라도 잘해 보려 하면 할수록 점점 꼬이기만 하는 일진 사나운 날에는., 일찌감치 맛난 것 먹구 푹 자는 게 상책입니다..
작은 뚝배기 꺼내다가 올리브유 마늘 건고추 맛소금 넣고

굴감바스, 무카나페, 버터감자

굴 한 줌 약불로 자글자글.. 바그르륵 익혀 주면
오늘 있었던 일들 곰곰이 떠올리다 받아들일 때까지
오랫동안 뜨끈하게 기다려 줄 굴 감바스지요..

굴감바스

1인분 · 20분

재료

- ◎ 생굴 1봉(200g)
- ◎ 올리브유 100ml
- ◎ 마늘 10알
- ◎ 말린 베트남고추 2~3개
  (페페론치노 4~5개로 대체 가능)
- ◎ 맛소금 적당량
- ◎ 통후추 약간
- ◎ 바게트 2조각

생굴은 체에 밭쳐 찬물로 가볍게 헹군 뒤 물기를 뺍니다.

마늘은 도톰하게 편 썹니다.

작은 냄비나 팬에 올리브유와 마늘, 베트남고추를 넣고 가장 약한 불에서 10분간 끓입니다.

마늘 향이 충분히 우러나면 중간 불로 올려 굴과 맛소금 2꼬집을 넣고 조심스레 뒤적여 가며 볶습니다.

2~3분 후 굴이 통통하게 부풀면 불을 끄고 통후추를 갈아 넣습니다. 이때 부족한 간은 맛소금으로 맞추고 바게트를 곁들입니다.

팁!

굴감바스에는 허브가루(로즈마리, 말린 바질 등)를 더해 주면 향긋하구 좋지요., 마늘도 말린 고추도 타기 쉬우니까는 아주 약한 불로 뭉근하게 데우듯이 끓여 주세요 .. 굴을 넣구 너무 오래 끓이면은 맛난 국물이 다 빠져나가구 삐쩍 말라 버릴 수가 있어요,. 싱싱한 굴로 준비해다가 살짝 익혀 내야 탱글탱글 맛이 좋습니다.,

무 카나페

2인분 / 10분

재료
- 무 2cm 두께 1토막
- 명란젓 2큰술
- 크림치즈 2큰술
- 청양고추 1개
- 참기름 약간

①
무는 0.5cm 두께로 얇게 썬 뒤 열십자로 자릅니다.

②
명란젓은 껍질을 벗겨 내 속만 남기고, 청양고추는 얇게 쫑쫑 썹니다.

③
무 조각 위에 크림치즈를 새끼손톱만큼, 청양고추는 한두 조각, 명란젓은 젓가락으로 콕 찍어 올리듯 순서대로 얹습니다.

④
마무리로 참기름을 한 방울씩 떨어트립니다.

팁!

무카나페에 들어가는 크림치즈는 입맛 따라 자유롭게 골라 보셔요.. 우유맛 진한 마스카포네 치즈라면 부드럽게., 짭쪼롬한 큐브 치즈라면 술맛나게.,, 새콤함 더해진 필라델피아 치즈도 잘 어울립니다..

버터감자

1인분 / 10분

재료

- 감자 1개
- 가염버터 1조각(30g)
- 간장 2큰술
- 통후추 약간

팁!

버터감자는 간장까지 뿌린 뒤 한 번 더 전자레인지에 돌려 줄 때 자그르르.. 버터에 간장이 녹아드는 냄새가 또 기가 막혀요., 쪼들쪼들 버터간장 배인 껍질도 아주 맛나니까는 껍질까지 먹을 수 있게 꼼꼼히 잘 씻어야겠지요.,

감자는 껍질째 흐르는 물에 깨끗하게 박박 씻은 뒤 물기가 조금 남은 상태에서 랩으로 감쌉니다.

전자레인지에 넣어 젓가락으로 찔렀을 때 쏙 들어갈 때까지 6~8분간 돌린 뒤 랩을 벗기고 열십자로 깊게 칼집을 냅니다.

감자 가운데에 버터를 끼웁니다.

간장을 끼얹고 전자레인지에 넣어 1분간 더 익힌 뒤 통후추를 갈아 뿌립니다.

곁/들/임/찬

바게트, 얼린 청포도

곁/들/임/술

콘도르 픽 토론테스 2021 13도 | 750ml | 10,000원대 | 헤이보틀에서 구입
새큼하고 청량한 화이트 와인입니다. 찌릿한 신맛이 식전에 입맛을 확 살려 주지요. 떫지 않게 쓱 지나가는 쓴맛도 아주 매력 있어요. 약간 차게 식혀 마시는 쪽을 좋아합니다. 화이트 와인 치고는 묵직해서 맛이 진한 안주와도 잘 어울립니다.

마음먹고 족발 한상 거하게 시켜다가 새우젓만 콕 찍어서도 먹고.,
상추 깻잎 족발 두 점에 마늘 쌈장 올려 쌈도 싸 먹고.,
매콤새콤 쟁반국수도 빼놓으면 서운하지요..
그렇게 먹다 보면 다음 날에 꼭 뼈 부분만 남아 있고 그래요,.

족발탕, 숙주오이초나물

이걸 그냥 데워 먹자니 양이 모자르고 선날 실컷 먹어 물리기도 하거든요., 그런 날 냄비에 물 받아 이것저것 툭툭 던져 넣어서는 보글보글.. 호물호물하니 국물 진한 족발탕이 뚝딱입니다.. 새콤달콤 씹는 맛 좋은 숙주나물을 곁들여 드셔요..,

족발탕

2 인분 · 1 시간

재료

- ◎ 족발 뼈(발가락 부분)
- ◎ 무 5cm 두께 1토막
- ◎ 양파 1/2개
- ◎ 마늘 5알
- ◎ 청양고추 2개
- ◎ 물 1L
- ◎ 액젓(멸치, 까나리 등) 2큰술
- ◎ 식초 혹은 레몬즙 1작은술
- ◎ 통후추 10알

넉넉한 냄비에 살점 붙은 족발 뼈를 담습니다.

무는 열십자로 두 번 잘라 케이크 모양으로 8등분하고, 청양고추는 가로로 3등분합니다. 마늘과 양파는 통으로 준비합니다.

냄비에 손질한 채소와 양파와 마늘, 통후추, 액젓, 분량의 물을 붓고 40~50분간 중간 불에서 끓입니다.

살점이 젓가락으로 잘릴 만큼 부드러워지면 불에서 내려 식초나 레몬즙을 뿌립니다.

팁!

족발집마다 딜딜하고 찝쪼롬하고 긴이 제각각이지요.. 액젓은 분량대로만 넣고 모자라면 소금간으로 해 주세요,. 담백한 족발이라면은 콜라 약간 쪼르륵.. 달착한 맛과 예쁜 색을 낼 수가 있지요.. 두껍게 썬 무가 푸욱 뭉그러질 때까지 익어야 맛이 좋습니다.. 중간중간 물을 더 부어 가며 오래 끓이는 게 비법이랄까요.,

숙주오이초나물

2인분 15분

재료

◎ 숙주 200g
◎ 오이 1/2개
◎ 청양고추 2개
◎ 맛살 2줄
◎ 소금 1/2큰술

[양념]
◎ 다진 마늘 1작은술
◎ 연겨자 1/2작은술
◎ 식초 1큰술
◎ 소금 1/2작은술
◎ 설탕 1/2작은술
◎ 통깨 약간

끓는 물에 소금을 넣고 깨끗이 씻은 숙주를 넣어 약 1분간 데친 뒤 찬물에 헹궈 식히고 양손으로 물기를 꼬옥 짭니다.

맛살과 청양고추, 오이는 7cm 길이로 자른 뒤 가늘게 채 썹니다.

볼에 숙주와 맛살, 청양고추, 오이를 담고 양념 재료를 모두 넣어 숟가락으로 잘 버무립니다.

곁/들/임/술

쌩쏨 40도 | 700ml | 45,000원대 | 가자주류에서 구입

태국의 럼입니다. 달착지근하구 도수가 센 술이라 그대로 마시기보다는 탄산수와 비타민음료 또는 에너지드링크를 탄 쌩쏨 칵테일로 마시곤 하지요. 얼음 꽉 채운 잔에 쌩쏨과 탄산수를 1:3 비율로 섞으면은 깔끔해서 짭짤한 국물 안주에도 좋습니다.

곁/들/임/찬

과일, 작은 주먹밥

휘리릭 땡 간단요리

230p
짜 계 치

231p
엑 설 다 스

232p
가 지 치 즈 구 이

233p
앙 버 터 호 두 과 자

234p
데 운 순 두 부

235p
군 고 구 마

236p
유 자 방 울 토 마 토

237p
물만두+고추후추식초

238p
엑 설 런 트 브 륄 레

01 짜계치

끓는 물 350ml에 짜장라면 면과, 스프를 한 번에 넣고 그대로 졸이듯이 끓입니다. 물기 없이 쪼들하게 졸아들면 올리브유를 넣고 센 불에 휘리릭 볶아 땅. 쪼들쪼들하게 볶은 짜장라면에 스을쩍 녹아내린 치즈를 휘리릭., 보드랍게 익은 반숙 노른자를 톡..

(02)

엑설다스

엑설런트를 3등분 쓱쓱쓱,, 쿠크다스는 2등분 뚝뚝뚝. ..
엑설런트 위아래로 쿠크다스를 붙여 주면
후식으로 한 조각씩 집어 먹기에 딱입니다.,
술자리 마무리로 내놓으면은 순식간에 사라지지요. .

03 가지치즈구이

기름 둘러 구운 가지에 돈까스 소스를 콕 치즈 한 조각 사르륵..
배부르지 않게 간단히 안주 뭐 없나,. 싶을 적에 부드럽게 딱!
와인에도 딱. 맥주에도 딱.,

04 앙버터호두과자

팥앙금과 버터의 조합을 한마디로 표현하자면..
'입안 가득한 행복'이라고나 할까요...
호두과자에는 옆으로 칼집을 쏙 넣어다가 차가운 버터 한 조각 쏙.,

05 데운 순두부

순두부는 전자레인지 3분 30초 땡 돌려다가 양념간장 쪼로록..
힘든 날, 아픈 날, 속이 추운 날,
그리고 손발이 찬 아침에 든든한 위로가 되어 줍니다..

06 군고구마

에어프라이어 200도 20분,. 뒤집어서 20분이면
쫀득쫀득 군고구마가 땡 , .
살살 녹는 군고구마에 버터를 한 조각 싸악., 김치도 한 점 터억..
우유 한잔 벌컥 마시면은 행복이지요,,

07 유자방울토마토

새콤달콤 톡 터지는 요 맛에 집 나갔던 입맛도 돌아오지요,.
데쳐다가 껍질 벗긴 방울토마토에
유자차(유자청) 한 큰술 턱., 끼얹어서는 차게 식혀 땡..

⑧ 물만두+고추후추식초

물만두는 눈 깜짝할 사이에 한 봉다리 뚝딱이지요.,
여기에 매콤얼얼한 식초를 더하면 두 봉다리도 뚝딱입니다 ,.
양념장은 식초 3, 고추기름 1, 후추 0.5 비율로요.,

09 엑설런트브륄레

밥그릇에 엑설런트 노랑이 두 개를 까서 툭, 툭..
전자레인지에 1분 돌려다가 계란 한 개 착착 섞어 준비 땡..
큼직한 국대접을 아래 겹쳐서는 밥그릇 높이 절반치 오도록 뜨신 물을 쪼로록,.
그대로 에어프라이어 넣고 13~16분 땡,. 하고 나면 차게 식혀 주셔요..
설탕 솔솔 뿌려 토치나 달군 숟가락으로 지져 주면
땅그랑 땅땅한 엑설런트브륄레가 땡입니다,..

242p
부 대 찌 개

246p
감 자 수 프

250p
닭가슴살치즈스테이크

254p
돼 지 주 물 럭

258p
외할머니 이북식 만둣국

부대찌개

01

2 인분 / 30분

예전에는 생선보다 고기, 두부보다 쏘세지,
김치찌개 된장찌개보다 부대찌개를 그렇게 좋아했지요..
종잇장처럼 얇더라도 햄에 라면까지 들어갔으니
환장을 하고 좋아할 수밖에요, .
냄비 내려놓자마자 게 눈 감추듯이 먹을 수 있도록
아주 진하고 걸죽하게 끓이는 부대찌개입니다.,

재료

- 배추김치 200g
- 스팸 작은 캔 1개 (200g)
- 프랑크소시지 3개
- 두부 1/2모
- 양파 1/2개
- 대파 1/2대
- 다진 마늘 1/2큰술
- 썬큐 베이크드 빈스 1/2캔
- 고추장 1큰술
- 물 700ml
- 고춧가루 1큰술
- 소금 약간

① 냄비에 분량의 물과 고추장을 넣고 잘 풉니다.

② 배추김치를 먹기 좋게 한입 크기로 썹니다.

③ 스팸과 프랑크소시지를 3~5mm 두께로 썹니다.

④ 냄비에 배추김치와 스팸, 프랑크소시지를 넣은 뒤 센 불에서 끓입니다.

⑤ 두부는 납작하게, 대파는 어슷하게 썰고 양파는 채 썹니다.

⑥ 냄비가 끓기 시작하면 썰어 둔 두부와 대파, 양파, 다진 마늘, 고춧가루를 넣고 10분간 중간 불에서 끓입니다.

베이크드 빈스를 넣고 부족한 간은
소금으로 맞춰가며 2~3분간 더 끓입니다.

곁/들/임/찬

흰쌀밥

곁/들/임/술

별빛청하 7도 | 295ml | 2,750원대

청하에 화이트 와인과 약간의 탄산이 더해진 술입니다. 낮은 도수에 달착지근하다 보니 부담 없이 쭉쭉 들어갑니다. 하지만 청주에 와인이 섞였으니 무턱대고 마시다가는 훅 취하는 수가 있어요. 처음에는 청주가, 뒤이어 와인이 따라오는 아주 독특한 맛입니다. 달달한 디저트나 과일, 치즈에도 좋고 이런 달착한 술이 의외로 얼큰한 탕과도 궁합이 좋지요.

자박자박 걸쭉한 국물에 흰 쌀밥을 비벼 먹으면 기가 막히지요.,
라면사리는 먼저 한 사발 떠먹은 뒤에 추가힐지 말지 선택하면
되겠습니다.. 스팸과 베이크드 빈스는 꼬옥 넣어 주세요,..
입에 착 붙는 단맛이 여기에서 나오거든요..
신김치는 물에 한번 씻은 뒤에 넣어 줘야 햄 김치찌개가 아닌
부대찌개 맛이 납니다.,

감자수프

02

2 인분　**40** 분

입맛 없는 아침에 뭐라도 한 그릇 땡.,
데워 먹구 나가기만 해도 든든하지요 .,
우유가 들어가질 않기 때문에
유제품만 먹었다 하면 배 속이 꾸루룩..
여간 고생이 아닌 유당불내증 걱정도 없구요.,
찹쌀죽처럼 걸죽하게 끓인 감자수프 한 술이 빈속에 사악,..
감자, 당근, 양파에서 나오는 달큰한 맛이 아주 편안합니다..

재료

- 감자 2개
- 양파 1/2개
- 당근 1/4개
- 국물용 멸치 10마리
- 국물용 다시마(4x4cm) 3~4장
- 물 2L
- 소금 적당량

① 냄비에 분량의 물과 다시마를 담고 10분간 실온에서 그대로 우려냅니다.

② 냄비에 멸치를 넣고 중간 불에 올려 끓기 시작하면 다시마만 건져 낸 뒤 10분간 더 끓입니다.

③ 멸치를 걸러 내고 맑은 육수만 따로 담아 둡니다.

④ 깨끗이 씻어 껍질을 벗긴 감자와 당근, 양파는 잘 익도록 1cm 크기로 깍뚝 썹니다.

⑤ 냄비에 채소들이 잠길 만큼 육수를 붓고 소금 1꼬집을 넣어 15분간 중간 불에서 끓입니다.

⑥ 감자가 푹 익으면 육수까지 함께 믹서기로 곱게 갑니다. 이때 여분의 육수, 소금으로 농도와 간을 맞춥니다.

곁/들/임/찬

모닝빵

팁!

국물 낼 때 다시마는 두툼하고 좋은 것을 준비하면 더 좋습니다.,
들어가는 재료가 몇 없는 음식일수록
재료 본연의 맛이 두드러지는 법이라고들 하지요 ..
남은 멸치다시마육수는 냉장고에 두었다가
계란찜, 만둣국, 된장찌개..
여기저기 맹물 대신 사용하면은 깊은 감칠맛이 납니다.,

닭가슴살치즈스테이크

03

닭가슴살도 치즈도 몸에 참 좋은 단백질입니다.,
담백한 식단도 좋지만은 가끔씩 기름기도 들어가 줘야 몸이 버티거든요.,
촉촉하게 익힌 닭가슴살은 보들보들, .
향긋한 깻잎에 자르르 녹아드는 치즈가 아주 잘 어울려요,.

재료

- 닭가슴살 200g
- 깻잎 2장
- 슬라이스 치즈 4장
- 카놀라유 적당량
- 물 4큰술
- 부침가루 적당량
- 소금 1/2꼬집
- 통후추 약간

①
닭가슴살은 옆으로 칼집을 넣습니다.
tip. 이때 완전히 두 덩이로 나눠지지 않게 주의하세요.

②
칼집 넣은 닭가슴살을 벌려 펼치고 칼등으로 앞뒷면을 모두 통통 두드려 골고루 평평하게 만듭니다.

③
안쪽 면에 소금을 고루 뿌린 뒤 부침가루를 얇게 입힙니다.

④
깻잎 1장을 올리고 한 번 더 부침가루를 얇게 뿌립니다.

⑤
깻잎 위에 슬라이스 치즈 2장을 올린 뒤 뚜껑을 덮듯 반으로 접어 꼬옥 누르고 전체적으로 부침가루를 가볍게 입힙니다.

⑥
달군 팬에 카놀라유를 두르고 먼저 중간 불에서 앞뒷면을 각 2분씩 굽습니다.
물 2큰술을 넣고 뚜껑을 덮어 약불로 2분, 뒤집어서 물 2큰술을 추가해 2분 더 구운 뒤 뚜껑을 열고 중간 불에서 노릇하게 굽습니다.

통후추를 뿌려 마무리합니다.

곁/들/임/찬

방울토마토, 새싹샐러드

곁/들/임/술

BABE 12도 | 250ml | 3,000원대
가볍게 마시기 좋은 스파클링 캔와인입니다. 진하고 쌉쌀한 레드, 달달하고 부드러운 로제, 산뜻한 화이트.. 세 가지 모두 톡 쏘는 탄산에 적당한 단맛이라 여기저기 곁들이기에 좋지요. 안주 없이 맨입에도 쭉쭉 들어갑니다.

팁!

닭가슴살이 둘로 갈라져도 괜찮습니다.,
당황하지 말고 속재료가 떨어지지 않게 꼬옥 눌러 뒤집기만
하면 땡이지요.. 치즈가 짭조름하니까 식이조절 중이라면
소금을 생략해두 좋아요.,

④ 돼지주물럭

| 2인분 | 1시간 재우기 | 20분 |

고추장 불고기, 고추장 삼겹살, 제육볶음..
빨건 양념의 돼지고기 볶음은 참 여러가지 이름을 가지고 있지요.,
처음 밖에서 돼지주물럭을 사 먹었을 때는
어이고.. 내가 아는 맛이 아닌데.. 했던 기억도 납니다 ..
다양한 이름만큼이나 집집마다 맛이 다른 게
바로 돼지주물럭 아닐까 싶어요.,
고추기름이 빠알갛게 떠 있는 진한 양념에
달달하게 익은 양파 대파 올려 고기를 한 점..
상추 두어 장에 밥 한술 해서 상추쌈을 또 한 번.,
배가 불러도 자작하게 남은 양념에다 밥 반 공기 뚝딱 비벼 먹게 됩니다.,

재료

◎ 구이용 삼겹살 혹은 목살 1근
◎ 양파 1개
◎ 청양고추 2개
◎ 대파 1/2대
◎ 카놀라유 약간

[양념]
◎ 고추장 봉긋하게 2큰술
◎ 다진 마늘 1큰술
◎ 늘기름 1큰술
◎ 간장 1+1/2큰술
◎ 고춧가루 2큰술
◎ 설탕 1큰술
◎ 소주 1/2잔

①
양파는 1cm 두께로 채 썰고, 대파와 청양고추는 어슷하게 썹니다.

②
구이용 돼지고기는 3~4cm 길이로 썹니다.

③
볼에 손질한 채소, 돼지고기, 분량의 양념 재료를 모두 넣고 손으로 잘 주무릅니다.

④
양념한 돼지고기는 랩을 씌우고 냉장고에 넣어 1시간 이상 재웁니다.

⑤
깊이 있는 볶음팬에 카놀라유를 두르고 중간 불에서 달군 뒤 재워 둔 돼지고기를 넣고 7분간 볶습니다.

⑥
고기가 어느 정도 익으면 센 불에 1~2분간 볶아 물기를 날립니다.

tip. 속까지 잘 익었는지 확인 후 덜 익었다면 중간 불에서 뭉근히 익힙니다.

곁/들/임/술

톡한잔소주 30도 | 500ml | 15,500원대 | 주류사회에서 구입

귀여운 이름과는 달리 도수 높은 보리소주입니다. 도수에 비해 맛이 부드러워서 한 잔씩 쭉쭉 넘기다보면 금세 동이 나지요. 목구멍을 탁 치는 뒷맛이 있어 '톡' 한 잔일까요? 기름기 잘잘 흐르는 생선구이, 고기요리나 탕에도 잘 어울립니다. 다음 날 숙취 없이 개운하다는 장점도 있구요.

곁/들/임/찬

쌈채소, 생마늘, 쌀밥

팁!

양념된 고기는 굽기가 여간 까다로운 게 아니거든요.,.
자칫하면 양념만 새까맣게 태워 먹고 속은 날고기이기 일쑤지유.,
양념이 타지 않게 중불로 뭉근히 속까지 익힌 뒤에
센 불로 달달달.. 빠르게 볶아 주는 게 비법이랄까요.,
삼겹살로 만들면은 기름진 소주 안주로
목살로 만들면은 담백든든하니 밥반찬으로 딱입니다.,

외할머니 이북식 만둣국

돌아가신 외할머님께서는 손맛이 아주 좋으셔서는
녹두전도 만두도 고기 한 점 들어가지 않는데두 맛이 기가 막혔어요..
슴슴한 간장국물에 주먹만 한 만두가 고명도 없이 턱 턱 담겨 나오면은
고춧가루 듬뿍 든 양념간장을 찻숟가락으로 얼른 끼얹어다가 한입.,,
엇 뜨거라 입천장 데이는 줄도 모르고 먹게 되지요 ..
아주 소박하고 정겨운 맛입니다..

재료

- 배추김치 1포기(500g)
- 부침용 두부 200g
- 숙주 150g
- 당면 30g
- 달걀 1개
- 다진 파 2큰술
- 다진 마늘 2큰술
- 들기름 1큰술
- 국간장 약간
- 물 또는 멸치육수 800g
- 오뚜기 찹쌀 왕만두피 2봉
- 소금 적당량

[양념장]
- 국간장 5큰술
- 다진 마늘 1큰술
- 들기름 1/2큰술
- 고춧가루 2큰술
- 통깨 약간

배추김치는 잘게 다진 뒤 양손으로 물기를 꼬옥 짭니다.

두부는 면포에 싸 으깨듯이 물기를 짠 뒤 소금 1/2작은술로 밑간합니다.

숙주는 끓는 물에 30초간 데친 뒤 찬물에 식혀 잘게 썹니다. 당면은 끓는 물에 10분간 삶아 건진 뒤 잘게 썹니다.

잘게 썬 숙주를 양손에 쥐고 물기를 꼬옥 짠 뒤 소금 1/2작은술로 밑간합니다.

큰 볼에 배추김치와 두부, 숙주, 당면, 다진 마늘, 다진 파, 들기름을 넣고 소금으로 슴슴하게 간을 맞춘 뒤 만두피에 싸기 직전 달걀을 깨트려 넣고 잘 섞습니다.

만두피 가운데에 소를 가득 올린 뒤 반 접어 이음새를 손으로 꾹꾹 눌러 단단히 여미고 양끝을 둥그렇게 맞붙여 만두를 빚습니다.

⑦ 물 또는 멸치육수에 분량 외의 국간장으로 슴슴하게 간한 뒤 만두를 넣어 동동 떠오를 때까지 8분간 삶습니다.

⑧ 양념장 재료를 모두 섞어 준비해 두었다가 만두에 조금씩 끼얹어 가며 먹습니다.

곁/들/임/찬

녹두전

곁/들/임/술

이과두주 56도 | 125ml | 3,000원대
중국집에서 많이 보게 되는 고량주입니다. 주머니 가벼운 날 짬뽕에 삼천 원짜리 이과두주 하나면 더 바랄 것이 없었지요. 특유의 배 향과 짭짤한 향이 납니다. 술이 목으로 훌떡 넘어가지를 않고 입안에 좌악 퍼져나가는 게 참 신기하기도 하구요.
넉넉한 안주에다 두어 잔 홀짝여 가며 곁들이기 좋지만은 나 오늘 아주 많이 힘들었다, 하는 날은 쭉쭉 마셔야지요.

팁!

만두 속 재료들은 물기를 꼬옥.. 싸 수는 것 말고는 낼깃 없지요.,
양념장을 끼얹어 먹는 게 제맛이라 밑간도 국물 간도 슴슴하게 해 주면 되구요.,
조금 터져서 만두소가 풀어진 만둣국도 또 그 나름의 맛이 있거든요.,
만두는 설렁설렁 즐겁게 만들어 맛나게 먹어야 제일 맛난 법입니다..
남은 만두는 찜기에 7~8분 정도 쪄다가 한 김 식혀 냉동해 주세요.,

INDEX

①~Ⓐ 20분 카레　　156

㉠
- 가지치즈구이　　232
- 간단 오코노미야키　　196
- 감자수프　　246
- 감자전　　138
- 겨란국　　188
- 겨란말이　　144
- 고추장짜글이　　134
- 골뱅이냉국　　206
- 골뱅이소면　　204
- 군고구마　　235
- 굴감바스　　216
- 김치찌개　　142

㉡
- 나물비빔밥　　183
- 냄비우동　　108
- 느타리나물　　172

㉢
- 단무지무침　　159
- 단호박조림　　164
- 달래장　　190
- 닭가슴살겨자무침　　102
- 닭가슴살무침　　72
- 닭가슴살실곤약냉면　　70
- 닭가슴살치즈스테이크　　250
- 닭기름파스타　　58
- 닭다리버터구이　　56
- 당근볶음　　182
- 대파돼지찜　　76
- 데운 순두부　　234
- 돼지주물럭　　254
- 된장밥　　84
- 두부유부초밥　　110

- 들기름막국수　　88

㉥ 마파순두부　　210
- 매운 가지팽이무침　　96
- 매운 국물어묵　　128
- 매운 오징어볶음　　124
- 매콤얼얼 돼지고기냉채　　116
- 무카나페　　218
- 묵사발　　122
- 물만두+고추후추식초　　237

㉦ 바나나스무디　　104
- 배추홍합술찜　　150
- 버터감자　　220
- 부대찌개　　242

㉧ 삼겹살 에어프라이어 구이　　82
- 새송이버터간장구이　　62
- 새송이통구이　　64
- 소고기고추장　　178
- 숙주오이초나물　　226
- 순두부열라면　　52
- 순두부튀김　　152
- 쑥갓두부무침　　170

㉨ 알배추된장국　　176
- 앙버터호두과자　　233
- 애호박나물　　181
- 애호박새우젓국　　162
- 양배추 간단절임　　158
- 양배추피자　　198
- 양푼비빔밥　　136
- 엑설다스　　231
- 엑설런트브륄레　　238
- 외할머니 이북식 만둣국　　258

술

유자방울토마토	236
ㅈ 자투리 채소죽	168
전자레인지 겨란찜	130
젓갈 얹은 겨란	90
젓갈순두부	200
조개국수	94
족발탕	224
중국풍 오이무침	212
짜게치	230
ㅋ 콩나물무침	180
콩나물밥	186
ㅍ 표고버섯구이	118
프렌치토스트	100

①~Ⓐ 15년 숙성 매취순	164
BABE	253
C막걸리 시그니처큐베	90
ㄱ 경주법주 원컵	76
금문고량주	212
김포금쌀 선호생막걸리	124
ㄴ 느린마을소주21	191
ㄷ 두레앙	65
ㅁ 밀크티 위스키	105
ㅂ 바다한잔 동해소주	206
박재서 명인안동소주	96
백화수복	111
별빛청하	245
보이차 위스키	173
ㅅ 서울의 밤	131
소맥	138
쌩쏨	227
ㅇ 왕주13	72
이과두주	261
ㅈ 제임슨 하이볼	200
좋은데이	144
ㅊ 처음처럼	183
ㅋ 칼스버그	159
콘도르 픽 토론테스 2021	221
ㅌ 톡한잔소주	257
ㅎ 한라산21	85
혁명소주	119
화요25	153
황천주	59

밥 챙겨 먹어요, 행복하세요

1판 1쇄 펴냄 2022년 11월 28일
1판 4쇄 펴냄 2023년 9월 30일

지은이　마포농수산쎈타

편집　　김지향 정예슬 황유라
교정교열　윤혜민
디자인　금종각
사진　　한정수
스타일링　김지현
미술　　이미화 김낙훈 한나은 김혜수
마케팅　정대용 허진호 김채훈 홍수현 이지원 이지혜 이호정
홍보　　이시윤 윤영우
저작권　남유선 김다정 송지영
제작　　임지현 김한수 임수아 권순택
관리　　박경희 김도희 김지현

펴낸이 박상준
펴낸곳 세미콜론
출판등록 1997. 3. 24. (제16-1444호)
06027 서울특별시 강남구 도산대로1길 62
대표전화 515-2000 팩시밀리 515-2007
편집부 517-4263 팩시밀리 515-2329

ISBN 979-11-92107-76-9 13590

세미콜론은 민음사 출판그룹의
만화·예술·라이프스타일 브랜드입니다.
www.semicolon.co.kr

트위터 semicolon_books
인스타그램 semicolon.books
페이스북 SemicolonBooks
유튜브 세미콜론TV